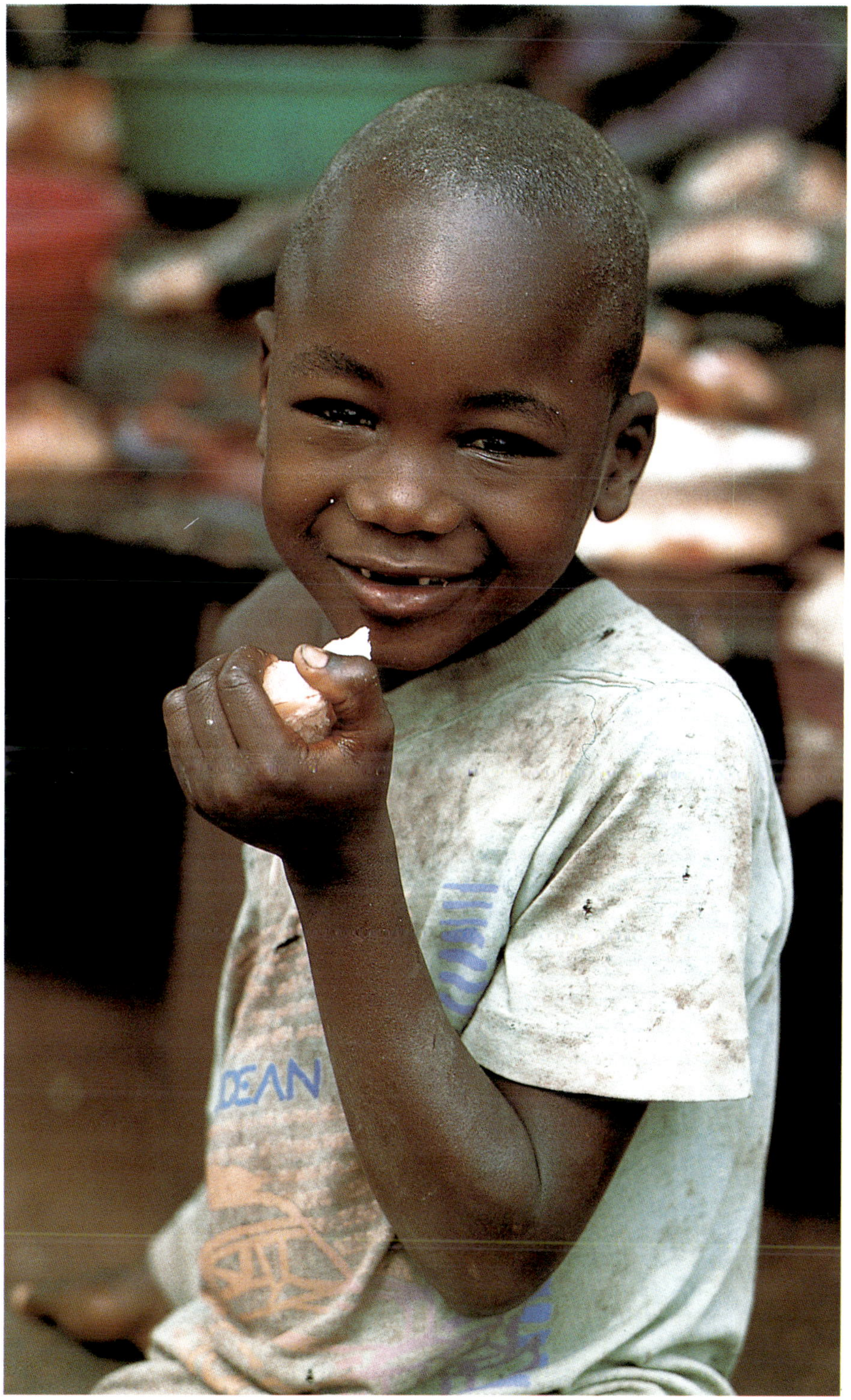
DEAN

Michael Pecha

KILIMANJARO
OSTAFRIKA

Urwald, Eis und Steppentiere

Badenia Verlag

Die Deutsche Bibliothek –
CIP-Einheitsaufnahme

Pecha, Michael:
Kilimanjaro – Ostafrika : Urwald, Eis und Steppentiere / Michael Pecha. –
Karlsruhe : Badenia-Verl., 1999
(Abenteuer heute)
ISBN 3-7617-0359-7

Das Umschlagbild zeigt den Kibogipfel des Kilimanjaro von Tanzania aus fotografiert. Fotomontage: Giraffen in der ostafrikanischen Steppe von Tanzania.

Vor- und Nachsatz:
Strichzeichnungen des Kilimanjaro aus einem historischen Buch.

Herstellung:
Badenia Verlag und Druckerei GmbH, Karlsruhe

Seite 118: Die Übersichtskarte wurde dem Buch „RR Ostafrika" aus dem DuMont Buchverlag GmbH, Köln, entnommen. Die Adresse der Rechtsinhaberin, Frau Helga Heibach, Köln, war bei Drucklegung nicht zu ermitteln.

Gestaltung / Design:
Werner Münkel, Karlsruhe

Printed and bound in Germany
ISBN 3-7617-0359-7

Seite 1:
Der Baobab- oder Affenbrotbaum prägt die Landschaft im Tarangirepark in Tanzania. Wildhüter fürchten um die Bäume, die gerne von Elefanten zerstört werden.

Seite 2/3:
Die Eiskaskaden auf fast 6000 Meter Höhe am Gipfel des Kibo, Kilimanjaro. Bereits der Missionar Johannes Rebmann berichtete vom Eis am Kilimanjaro, nur glaubte man ihm damals nicht. Heute ist der Schnee am Äquator selbstverständlich, bereits im Geographieunterricht lernt man das.

Seite 4:
Die Massai Mara ist das beste Wildtierparadies auf Erden für den Fotografen und birgt eine Unzahl an guten Fotomotiven. Die denkbar beste Szenerie für Wildlife-Aufnahmen in Afrika.

Seite 5:
Der Gepard ist eines meiner Lieblingstiere in der ostafrikanischen Steppe. Als dieser Gepard gerade eine Gazelle gerissen hatte und sie genüßlich im Schatten verspeiste, war mein Safarifahrer Richard zur richtigen Zeit am richtigen Ort. So konnte ich aus fünf Meter Entfernung dieses Porträt fotografieren.

Seite 6:
Mit den legendären Dhows kamen bereits die alten Seefahrer nach Afrika. Und zwar von Indien nach Ostafrika.

Seite 7, links:
Die Blütenpracht auf zirka 3500 Meter Höhe am Weg zur Horombo-Hütte, Kilimanjaro, ist beeindruckend. Mit dem Macro-Elmarit kann ich diese Naturschönheit für immer festhalten.
Rechts:
Ein junger Afrikaner am Markt von Kabale in Uganda, der zu den besten und buntesten Märkten hier im Lande zählt.

Seite 8:
Die Massai sind ein stolzes und ein Kriegervolk. Auch die Männer schmücken sich gerne und tragen Ohrringe.

Seite 12:
Alle Lasten werden von den Chaggas auf den Berg getragen.

Inhaltsverzeichnis

Vorwort

„Jambo! Seien Sie gegrüßt, der Sie das Abenteuer suchen, wo es noch ein echtes Zuhause hat: in der Weite Ostafrikas."

Über Afrika, den Schwarzen Kontinent, gibt es viele Klischees. Da sind zum einen die Erzählungen von unverfälschter, urtümlicher Natur und von unbeschwerten, heiteren Menschen, die im Einklang mit ihrer Umwelt leben. Zum anderen sind da die Schreckensgeschichten über menschenfressende Bestien, giftige Schlangen und andere allgegenwärtige Gefahren wie zum Beispiel Insekten, Krankheiten, Aids, Überfälle, Kriminalität und vieles mehr.

Medienberichte von Hungertod und grausamen Bürgerkriegen, Vorurteile über die „faulen, primitiven Wilden" verzerren das Bild von Afrika sehr. Wer nach Ostafrika reist, sollte alle diese Vorurteile einmal gründlich vergessen. Denn entweder stimmen sie überhaupt nicht oder nur unter großen Vorbehalten. Ein typisches Afrika gibt es ohnehin nicht. Es gibt nur mehrere Afrikas. Unterschiedlich nicht nur nach Ländern, Regionen, Völkern und sozialen Schichten, sondern auch nach den Interessen und Blickwinkeln der einzelnen Besucher.

Ein Bericht über eine Kilimanjaro-Besteigung und die Wildtiere in der Steppe hat mich dermaßen begeistert, daß ich beschloß, einmal selbst in diesem faszinierenden Bereich Afrikas zu fotografieren.

Ostafrika umfaßt für mich vor allem drei Staaten: Kenia, Tanzania und Uganda.

Ich möchte Ihnen in diesem Buch aber nicht nur den höchsten Berg Afrikas, den Mt. Kilimanjaro präsentieren, der zweifelsohne der Publikumsmagnet in Ostafrika ist, sondern auch noch einige andere Highlights, die mir wichtig erscheinen. Und zwar deshalb, weil ich glaube, daß derjenige, der diesen Berg besteigt, auch an allen anderen Attraktionen, die in der Nähe liegen, interessiert ist. In bisher zwei Reisen erlebte ich hautnah die Schönheiten, Gefahren und Probleme Ostafrikas. Bei meiner ersten Reise 1993 besuchte ich Uganda nach dem Bürgerkrieg. Ein Land, in dem die Menschen wieder optimistisch in die Zukunft blicken. Ein Trip zu den vom Aussterben bedrohten Berggorillas ließ mich Wildlife in der Dreiländerecke Uganda, Ruanda und Zaire hautnah miterleben.

Wer nach Ostafrika reist, der verliebt sich sofort in die aufregende Landschaft, die wilden Tiere und die Vielfalt der ethnischen Gruppen. Ich möchte Sie im Rahmen dieses Buches auch ins Rift Valley, in die Massai Mara und den Tsavo-Park mitnehmen. Auch im Ngorongoro Krater war ich unterwegs und stieg auf den höchsten Berg, den Mt. Kilimanjaro. Als ich dann von diesem faszinierenden Fast-Sechstausender abstieg, schwor ich mir: Nie wieder!

Die Anstrengung und die extreme Kälte waren mir einfach zuviel. Aber angekommen beim Marangu Tor, wußte ich, daß es nicht bei dem einen Mal bleiben würde. Fünf Jahre später kam ich wieder hierher zurück, um meine zweite Besteigung 1998 zu realisieren.

Kenias Strandressorts und die Wildtierreservate garantieren einen tropischen Traumurlaub für jedermann, während die Slums der Großstädte, die Dürregebiete des Nordens oder die ehemaligen Bürgerkriegszonen von Uganda die Probleme der Unterentwicklung zeigen. Zwischen diesen beiden Extremen existiert der ganz normale ostafrikanische Alltag, der weder zur Welt des Überflusses noch zu der des tiefsten Elends gehört.

„Uhuru", das ist Suaheli und heißt „Freiheit". Welche Träume hatten sich für die Menschen Ostafrikas damit verbunden? Man sehnte und kämpfte den Tag herbei, an dem die Briten den Union Jack an den Gouverneurspalästen von Nairobi, Dar-es-Salaam und Kampala einholen würden. Zwischen 1961 und 1963 war es dann endlich soweit, und drei junge Nationen wollten die Ärmel aufkrempeln. Haben sich ihre Träume erfüllt?

Viele Vorstellungen wurden wahr. Viele auch nicht. Afrika ist der am meisten ausgenützte und geschundene Kontinent. Viele ursprüngliche Schönheiten wurden bereits zerstört, der Großteil der Wildtierbestände schamlos ausgerottet und abgeschossen. Aber Gott sei Dank gab und gibt es noch Leute wie zum Beispiel Diane Fossey, Organisationen wie den WWF und andere Menschen, die sich Gedanken um unsere Umwelt machen und sogar Regierungen zum Nachdenken und Umdenken bewegen. Halten wir daran fest und versuchen wir die Umwelt und die Tiere zu schützen. Vor allem müssen wir den Menschen in der sogenannten „Dritten Welt" helfen. Erst dann, so glaube ich, wird Ostafrika nicht nur für einige wenige Menschen eine Faszination bleiben.

Viel Freude beim Genießen des Buches wünscht Ihnen

Ihr Michael Pecha.

Kilimanjaro

Es ist Ende Juni 1998, Montag. Von meiner zweiten Ostafrikareise zurückgekommen, sitze ich nun hier vor meinem Computer und fange an, mein Kilimanjaro-Buch zu schreiben. Am Freitag fliege ich bereits wieder nach Südamerika. Ich muß die Eindrücke, die ich eben gewonnen habe, festhalten. Denn wenn ich von Galapagos, Ecuador, Peru und anschließend gleich den USA wieder zurück bin, sind zwei Monate vergangen, und ich muß mich schon auf meine Südafrikareise vorbereiten. In sechs Wochen werde ich zirka 10 000 neue Bilder machen, von einem Land, in dem ich vorher noch nicht war.

Mit Lili und Ernst, meinen Gefährten, war ich in den letzten zwei Wochen nochmals am Kilimanjaro. Ich wollte meinen Freunden Ostafrika zeigen und bei der Gelegenheit aktuelle Bilder mit nach Hause bringen.

Wir sitzen in einem Toyota-Minibus und fahren von Mombasa aus nach Taveta. Dort ist die Grenze zwischen Kenia und Tanzania. Einen ganzen Tag haben wir dafür eingeplant, denn der Weg ist weit und die Straße extrem schlecht. Gott sei Dank ist endlich dieser El-Niño-Regen vorbei. Er hat den kenianischen Straßen sehr geschadet. Normalerweise gibt es zirka alle zehn Jahre das in tropischen Gebieten gefürchtete El-Niño-Phänomen. Das letzte El-Niño-Jahr war 1982/83. Selbst im Konsulat, als ich mir mein Visum holte, erzählte man mir von dem starken Regen. In der Massai Mara seien die Autos im Schlamm steckengeblieben. Na, wir werden ja sehen! Ich kenne diese Strecke noch von meiner ersten Reise, der Zustand der Straße war extrem schlecht. Wenn ich Straße sage, ist das eigentlich ein Hohn, denn jede halbwegs vernünftige Schotterpiste ist besser zu befahren. Teilweise fahren die LKW bereits auf dem Schotterbankett neben der asphaltierten Straße, die gerade so breit ist, daß zwei LKW, wenn sie langsam fahren, aneinander vorbeikommen. Sie ist von abertausenden Schlaglöchern nur so übersät, die teilweise bis zu einem halben Meter tief sind und manchmal einen Durchmesser bis zu sechs Metern und mehr erreichen. Katastrophal! Unser Fahrer meint: „This is the Highway to Nairobi." „When this is the Highway, I don't want to know how is the Low Way." Er lacht. Gleich flucht er wieder über das nächste Loch. Wir fahren am Tsavo-Park vorbei und biegen in Voi nach links ein, Richtung Grenze. Die Straße wird immer schlechter, und wir erreichen mit viel Glück am Nachmittag Taveta. Nach den Grenzformalitäten laden wir unser Gepäck, das voll mit rotem, feinem Staub ist, in einen anderen Wagen auf der Tanzaniaseite um. Die Straßen hier in Tanzania sind in einem sehr guten Zustand. Von hier aus sind wir in einer halben Stunde in Moshi. Moshi liegt auf 800 Metern Höhe. Es ist angenehm warm, und wir freuen uns bereits auf den Berg, den wir von hier aus sehen müßten, Wolken versperren aber die Sicht.

Im Hotel angekommen, trinken wir „Kilimanjaro-Bier" und besprechen noch einmal unsere Route. Morgen soll es losgehen. Peter, den ich noch von meiner ersten Kibotour kenne, wird uns hinaufführen. Er ist Chagga. Die Chaggas sind ein freundliches und lustiges Volk. Immer sind sie nur am Rumalbern. Sie bebauen hier am Fuße des Kilimanjaro

NL10
KAE 370L

ihre Bananenplantagen. Für uns tragen die Chaggas Lasten, auch unser Gepäck und den Proviant hinauf und arbeiten als Bergführer.

Der erste Europäer hier beim Kilimanjaro war Johannes Rebmann, ein deutscher Missionar. Das war am 1. Mai 1848. Er sah den Schnee und berichtete dies stolz seinen Landsleuten. Doch die glaubten ihm nicht. Es sei lächerlich! Schnee am Äquator! Das gibt es nicht! Was für ein Hirngespinst! Niemand glaubte Rebmann. Und so kam er noch einmal hierher. Diesmal hatte er seinen Missionarskollegen Pater Ludwig Krapf mit dabei, der auch bezeugen konnte, was Rebmann bereits gesehen hatte. Schnee am Kilimanjaro! Wieder glaubte man den Missionaren nicht. Die Königliche Geographische Gesellschaft sagte: „Es ist unmöglich. Es gibt keinen Schnee am Äquator. Sie haben eine Fata Morgana gesehen." Es ist erstaunlich, daß in der Folge kein anderer Forscher der damaligen Zeit diese Angaben überprüfte.

Erst 15 Jahre danach kam wieder ein Deutscher hierher, der Rebmanns Beobachtungen bestätigte, Baron Carl Claus von der Decken. Er war einer der kühnsten Afrikaforscher seiner Zeit und marschierte im Juli 1861 von Mombasa aus in zwei Wochen zum Kilimanjaro. Bei seinem ersten Besteigungsversuch scheiterte er bereits in einer Höhe von zirka 2500 Meter. Als er im nächsten Jahr wieder kam, schaffte er es bis auf zirka 4300 Meter.

Bereits von der Decken berichtete von den niedrigen Temperaturen am Kilimanjaro: „Ich fühlte, wie mir die Kälte unter die Nägel kroch und Finger und Zehen vor Frost erstarrten. Als ich beim Dunkelwerden meine Sachen zusammenpackte, war ich derartig durchgefroren, daß ich mich nicht einmal mehr durch Umherspringen und kräftige Hand- und Armbewegungen wieder erwärmen konnte."

Vom schneebedeckten Kilimanjaro lernen heute bereits die Kinder im Geographieunterricht. Viele Bergsteiger und Trekker träumen vom Kibogipfel. Der Kilimanjaro gehört zu den wenigen hohen Bergen unserer Welt, die auch von Nicht-Bergsteigern ohne große Schwierigkeiten erklommen werden können. Trotzdem sollte man dem höchsten Berg Afrikas den nötigen Respekt zollen. Denn eine Wanderung auf den Fast-Sechstausender ist kein Spaziergang. Jedes Jahr kommen viele Touristen hierher, um sich zu erproben. Viele glauben, sie können da so einfach hinaufgehen. Ich selbst sah, eine Stunde von der Mandara-Hütte entfernt, einige Touristen ohne vernünftige Bergausrüstung keuchend auf dem Boden sitzen, nach Luft ringend.

Die Normalroute (Maranguroute) ist für jemanden, der halbwegs Kondition hat, kein Problem. An einem guten Tag gleicht der Weg hinauf über Mandara-Horombo einer Ameisenstraße. Aber nicht alle werden den begehrten Gipfel erreichen. Touristen kommen mit ihren Führern und Trägern, andere steigen bergab. Ich selbst bezeichne mich nicht als Bergsteiger. Der Kilimanjaro war mein erster Berg in dieser Größenordnung, den ich bestiegen habe. Trotzdem darf jeder, der den Gipfel

Seite 15:
Der Kibogipfel ist der höhere der beiden Kilimanjarogipfel und unser Hauptziel.

Seite 16:
Die Straße von Mombasa nach Nairobi in Kenia ist so katastrophal, daß die Fahrzeuge bereits neben ihr fahren müssen, um den metertiefen und -großen Schlaglöchern auszuweichen.

Seite 18, links:
Viele Gepäckstücke werden von den Chaggas auf dem Kopf getragen. Für eine Expedition wie unsere brauchen wir mindestens sechs Träger, einen Koch und zwei Bergführer, damit alle Lasten transportiert werden und auch für das leibliche Wohl gesorgt wird.
Rechts:
Unser Bergführer Peter Kimey führt uns sicher Richtung Kibogipfel. Diesen haben wir immer vor Augen.

Seite 19:
Auf 2200 Meter Höhe machen wir unsere erste Pause und verzehren unseren Proviant. Pongo und Lili rasten und bereiten sich vor, um den Rest des Weges nach Mandara gehen zu können.

erreicht hat, stolz darauf sein, denn man kommt dabei als Nichtalpinist mit großer Wahrscheinlichkeit an seine Leistungsgrenzen.

Der deutsche Geograph Dr. Hans Meyer war einer der hervorragendsten Entdecker und Forscher des 19. Jahrhunderts. Gemeinsam mit dem österreichischen Bergsteiger Ludwig Purtscheller bestieg er als erster 1889 den Kilimanjaro. In den Jahren danach wurde die Besteigung von mehreren Wissenschaftlern versucht. Aber nur ganz wenige erreichten den höchsten Punkt. In den nachfolgenden 30 Jahren kam es zu nur 13 Besteigungen. Heute klettern dagegen täglich zirka 10 bis 20 Personen Richtung Kibogipfel.

Peter und sein Freund Pongo erzählen uns vom Kilimanjaro und geben uns noch letzte Anweisungen. Wichtig ist, daß man langsam geht. Pole, pole! Langsam, langsam! heißt es immer wieder. Trinken Sie viel Wasser, tragen Sie nichts, und gehen Sie, ohne viel zu rasten, langsam, langsam. Dann werden Sie es schaffen! Er muß es ja wissen, er war schon mehr als 300 Mal oben.

Bei einer Wanderung auf den Kilimanjaro durchwandert man alle Klimazonen unserer Erde. Zuerst geht es durch die Bananenplantagen der Chaggas, dann, ab dem Marangu Tor, durch den Regenwald, der wie ein Gürtel um den Berg liegt, und den wir durchqueren müssen. Die nächste Klimazone ist dann die Heidelandschaft von Mandara bis Horombo. Es folgt Hochwüste. Auf dem Gipfel herrscht arktisches Klima. Jeder Kilimanjaro-Besteiger sollte sich dessen bewußt sein und sich dementsprechend ausrüsten!

Wir schreiben den 17. Juni 1998. Um neun Uhr holt uns ein Jeep vom Hotel in Moshi ab und bringt uns bis nach Marangu. Beim Marangu Gate warten bereits sechs Träger und ein Koch auf uns. Sie schultern unsere Rucksäcke und den Proviant für zwölf Personen. Jeder Träger darf laut Parkreglement höchstens 15 Kilogramm Gepäck tragen. Aber ich bin sicher, daß die Lasten schwerer sind. Mein Fotorucksack wiegt genau 15 Kilo, den übernimmt Peter. In einen kleineren Rucksack packt Lili drei Liter Wasser und das Mittagessen ein. Diesen trägt Peter teilweise vorne auf den Bauch geschnallt, manchmal auch auf seinem Kopf. Er ist das Tragen gewöhnt. Schließlich arbeitet jeder Führer zuerst als Träger, bevor er die Bergführerlizenz der Parkverwaltung erhält. Wir tragen unsere Daten und Namen in das Buch an der Rezeption des Marangu Gate ein und machen uns auf den Weg. Mein Höhenmesser zeigt 1850 Meter an. Es folgt eine vierstündige Wanderung, die mehr einem Spaziergang gleicht. Trotzdem führt jeder einzelne Schritt stetig bergauf. Mein Thermometer zeigt 20 Grad Celsius. Leichter Nieselregen läßt mich befürchten, daß wir heute noch ziemlich naß werden könnten. Aber dafür habe ich ja Regenponchos mitgenommen. In der Nacht hat es stark geregnet, überall stehen Wasserpfützen. Doch die Sonne ist stark und wird den weichen Boden rasch trocknen. Wir kommen in den Regenwald. Das Wasser des nahen Baches rauscht, und einige Vögel singen. Wunderschöne Natur! Große Waldameisen queren unseren Weg.

Ich muß beim Rasten aufpassen, daß sie mir nicht über den Schuh am Bein hochklettern, denn Peter meint, daß so ein Ameisenbiß auch Krankheiten übertragen kann. Also Vorsicht, immer in Bewegung bleiben! Als ich kurz stehenbleibe, um den Regenwald zu fotografieren, gelingt es doch zwei Ameisen, bis zum Knie zu kommen.

Um halb elf sind wir bereits in 2000 Meter Höhe. Auf einigen Bäumen sehen wir eine Gruppe von Affen umherturnen. Das sind Blue Monkeys, die hier leben. Außer den Ameisen, einigen Vögeln und den Affen habe ich hier keine anderen Tiere angetroffen. Der Nieselregen hört nach einiger Zeit auf. Wir legen die zweite Hälfte des Weges vom Marangu Tor zu den Mandara-Hütten trockenen Fußes zurück. Mein Höhenmesser zeigt 2200 Meter. Nachdem wir unseren Proviant verzehrt haben, gehen wir gestärkt weiter. Der Regenwald wird immer interessanter. Wir kommen in einen richtigen Märchenwald. Farne hängen von den Bäumen. Totenstille, es ist nichts zu hören. Wir sind bereits weit weg von Zivilisation und Hektik. Um 14 Uhr verlassen wir den Regenwald, wir sind auf 2500 Meter angekommen. Unser Weg führt nun in die nächste Klimazone, die Heidelandschaft. Nach einer Stunde erreichen wir die Mandara-Hütten, die auf 2727 Meter Meeresniveau liegen. Jede dieser Hütten hat zwei Eingänge, einen auf jeder Seite. Damit sind zwei getrennte „Zimmer" geschaffen, die jeweils vier Personen Platz zum Übernachten bieten. Unsere mitgebrachten Thermomatten brauchen wir nicht, da jede Schlafstelle mit einer Matratze ausgerüstet ist. Noch hat es 20 Grad, aber bald schon wird es Abend, und die Temperatur sinkt.

Am nächsten Tag starten wir um neun Uhr wiederum bei leichtem Nieselregen. Unser Ziel für heute sind die Horombo-Hütten. Um halb zwölf sind wir auf 3000 Meter angekommen. Ich spüre bereits, daß die Luft dünner wird, habe aber keinerlei Probleme mit der Atmung, da wir gemäß dem Ratschlag unseres Führers „pole, pole" wandern. Auch Lili hat keine Probleme mit der Höhe. In ihrer Heimat Ecuador ist sie öfter in Höhen um 3000 Meter unterwegs, und daher akklimatisiert. Wir stecken uns hin und wieder Traubenzucker in den Mund, der wird dann sofort vom Körper verarbeitet und gibt so richtig Energie bei einer anstrengenden Wanderung. Auch Trockenobst haben wir in unseren Rucksack gepackt, Vitamine sind sehr wichtig! Den ganzen Vormittag geht es bergauf. Die Heidelandschaft ist wunderschön. Am Wegesrand finde ich immer wieder Pflanzen und Blumen, die mich faszinieren. Längst schon sind wir über den Wolken und haben strahlend blauen Himmel. Von hier aus sehen wir zum ersten Mal unser Ziel, den riesigen Eisdom des Kibo. Langsam taucht er am Horizont auf und scheint noch sehr entfernt. Lili kann es gar nicht fassen, daß wir noch so weit gehen müssen.

Um 12.30 Uhr befinden wir uns auf 3400 Meter Höhe. Es wird plötzlich kalt und nebelig. Bei 14 Grad setzen wir uns am Wegesrand nieder und packen unser Mittagessen aus, das Peter für uns am Morgen in Alupapier eingewickelt hat: einen Käsetoast, ein Ei, eine Karotte, Banane und Orange.

Seite 22:
Der erste Abschnitt führt uns durch den feuchten Regenwaldgürtel. Dieser Teil ist der leichteste unserer Wanderung und gleicht einem Spaziergang.

Seite 23:
Unser erstes Camp heißt Mandara. Die Mandara-Hütten erreichen wir bei Nebel am Nachmittag und bereiten uns auf eine anstrengendere Wanderung für den nächsten Tag vor.

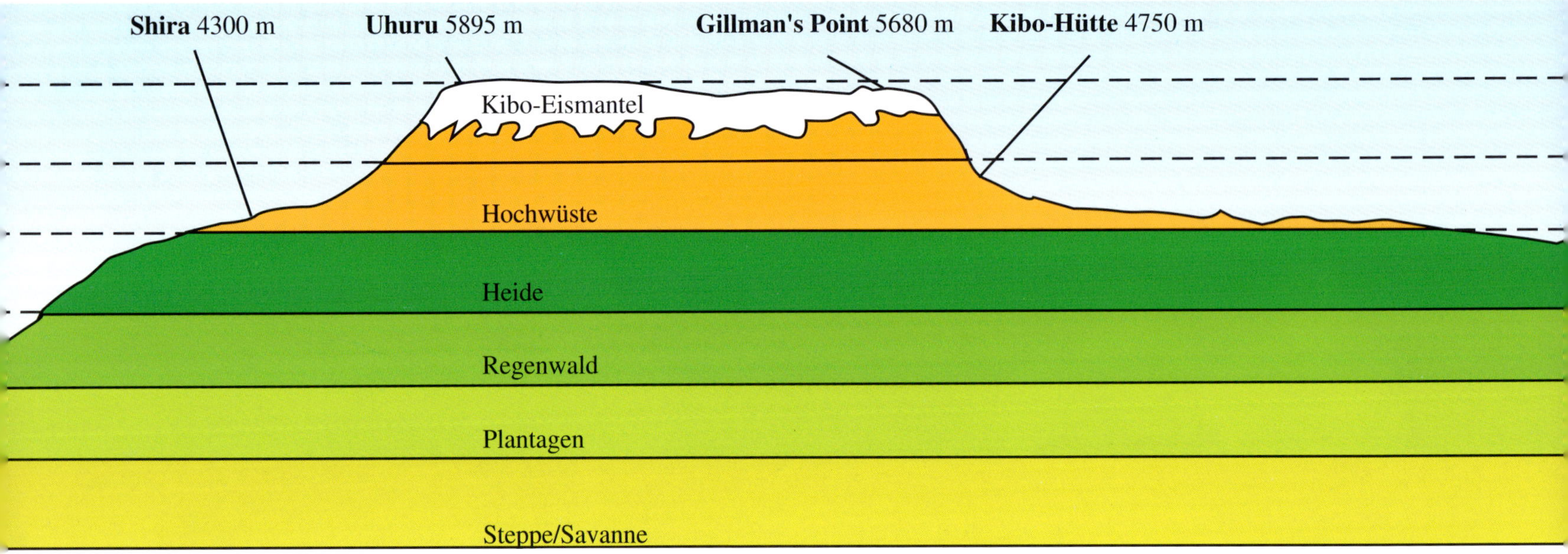

Die Kibobesteigung über die Normalroute:

Der Kilimanjaro erhebt sich als höchster Berg Afrikas mit seinen 5895 Metern aus der Steppe heraus.

Jeder gutkonditionierte Bergsteiger kann über die Normalroute den Kilimanjaro besteigen.

Man durchwandert dabei sämtliche Klimazonen unserer Erde und begibt sich vom tropischen Klima hinauf bis zu arktischen Temperaturen.

Die Wanderung beginnt am Marangu Tor, dem Eingang des Kilimanjaro-Nationalparks auf 1850 Metern. In zirka vier Stunden geht man dann bis zur Mandara-Hütte, die auf 2727 Metern liegt, das sind ungefähr zwölf Kilometer.

Am zweiten Tag begibt sich der Wanderer von 2727 Meter hinauf bis zur Horombo-Hütte. Diese liegt auf 3780 Meter und wird nach zirka sechs Stunden erreicht.

Am besten ist man beraten, wenn der dritte Tag zur Akklimatisierung freigehalten wird und man nur eine kleine Wanderung Richtung Mawenzi-Gipfel macht und wieder nach Horombo zurückkehrt.

Der vierte Tag bringt uns von Horombo bis zur Kibo-Hütte, auf 4750 Meter Höhe. Dafür muß man auch zirka sechs Stunden einkalkulieren.

In der Nacht des fünften Tages beginnt man mit dem Aufstieg bis zum Gipfel des Kilimanjaro, dem Kibo. Nach wiederum sechs Stunden erreicht man den Gillman’s Point auf dem Kraterrand, 5680 Meter. Nun ist der Kilimanjaro bestiegen. Wer noch höher gehen will, kann bis zum Uhuru Peak auf 5895 Meter weitergehen, das dauert zirka eine Stunde, oder man geht in den Krater hinein.

Anschließend beginnt der Abstieg, bis hinunter nach Horombo.

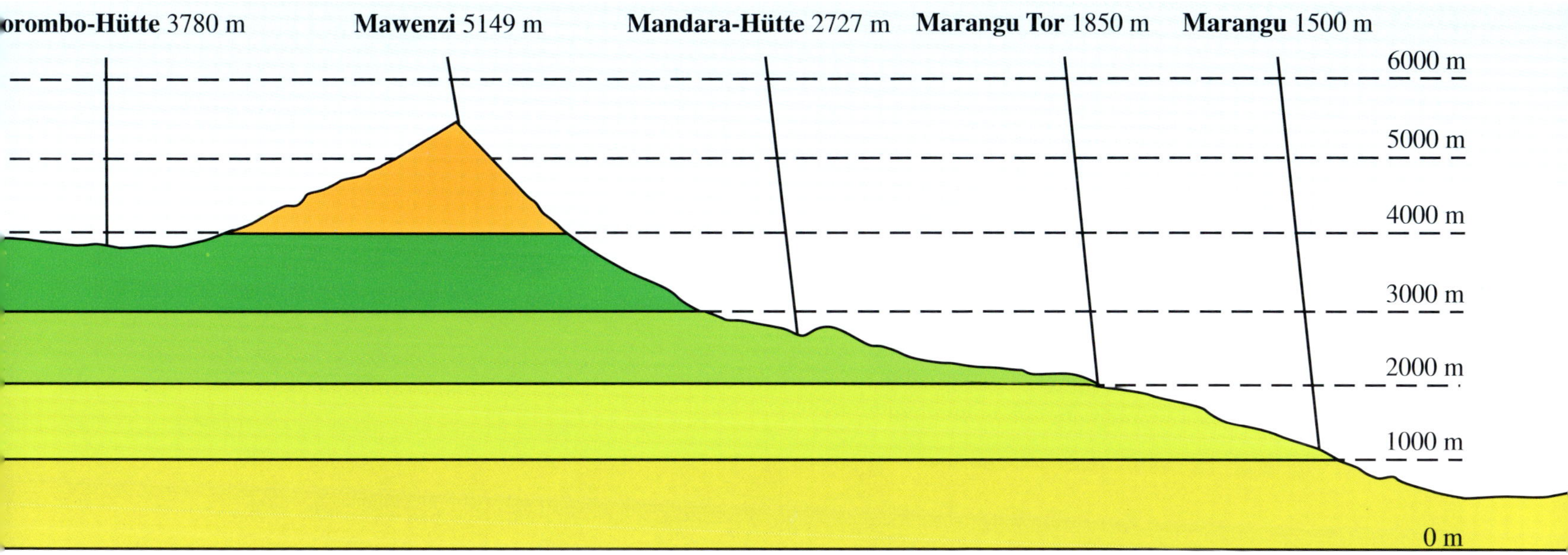

Am letzten Tag führt uns der Weg bis hinunter zum Marangu Tor.

Der Berg kann ganzjährig bestiegen werden, jedoch muß man in der Regenzeit von April bis Mai und im November mit Feuchtigkeit rechnen.

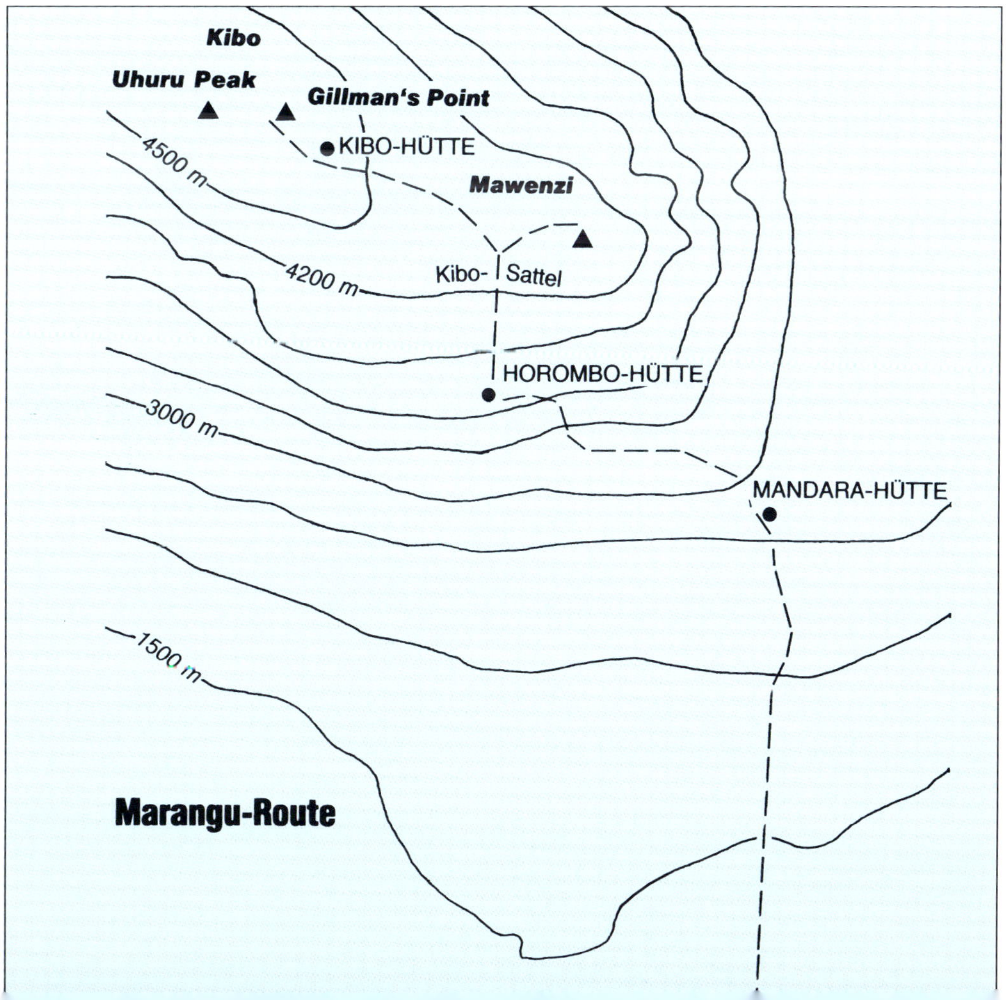

Seite 26:
Kurz vor den Mandara-Hütten erlebten wir einen bezaubernden Märchenwald, wie aus dem Bilderbuch. Einfach herrliche Natur.

Seite 27:
Hier kann man die berühmten Riesenblumen am Kilimanjaro bewundern.

Seite 28/29:
Von den Horombo-Hütten haben wir freie Sicht über die Wolken. So hoch sind wir bereits. Die Luft ist klar und dünn, der Sauerstoffgehalt minimal, aber ausreichend, solange man keine anstrengenden Bewegungen macht oder im Laufschritt unterwegs ist.

Langsam kommen wir Schritt für Schritt höher. Um 14.30 Uhr sind wir bereits auf 3500 Meter. Hier können wir die ersten Riesenblumen am Kilimanjaro bewundern, Lobelien und Senecien. Das sind Gewächse von gigantischem Ausmaß. Endlich reißt der Nebel auf, und die Sonne strahlt auf uns herab. Es wird wieder warm. Ein traumhaft schöner Tag. Um Viertel nach drei kommen wir an unserem Tagesziel an. Wir sind auf 3780 Meter, Horombo ist erreicht.

Horombo ist die Mitte der Wanderung und das wichtigste Lager auf dem Weg zum Gipfel. Es gibt mehr Hütten als auf Mandara oder Kibo. Hier werden wir den morgigen Tag verbringen. Diesen Zusatztag empfehle ich jedem, der bis zum Gipfel will, denn unser Körper muß sich langsam an die Höhe anpassen. Bei meiner ersten Kilimanjarobesteigung bin ich sofort von Horombo bis zur Kibo-Hütte weitergegangen. Ich habe dies mit extremen Kopfschmerzen bezahlt und fühlte mich damals sehr elend. Also lieber einen Tag mehr investieren, das lohnt. An diesem Erholungstag machen wir, damit unsere Muskeln in Übung bleiben, eine kleine Wanderung in Richtung Mawenzi. Der Mawenzi ist der kleinere der beiden Kilimanjarogipfel und liegt im Osten.

Die Chaggas kochen hier auf Horombo in eigenen Küchenhütten für uns das Abendessen. Es gibt eine große Aufenthaltshütte, fast könnte man auch „Speisesaal" dazu sagen. In den verrauchten Küchenhütten kochen sie in einem großen, schwarzen Kessel über dem offenen Feuer Porridge. Das gibt Kraft! Ich besuche unseren Koch und schaue ihm bei der Arbeit zu. Er hat einen Ast von einem Baum abgebrochen, mit diesem rührt er nun den Porridge um. Ich sagte schon, die Chaggas sind ein fröhliches Volk. Immer haben sie Witze und Lieder auf ihren Lippen. Wenn wir schon hundemüde vom Gehen sind und nur noch schlafen wollen, sitzen sie in ihren Küchenhütten zusammen und singen immer noch das Lied vom Kilimanjaro. Ein unsinniges Lied:

Kilimanjaro, Kilimanjaro
Kilimanjaro, Mlima Mrefuu Sanaa
Na Mawenzi, Na Mawenzi, Na Mawenzi
Na Mawenzi, Mlima Mrefuu Sanaa
Ewe Nyoka, Ewe Nyoka, Ewe Nyoka
Ewe Nyoka Mbona Wanizungukaa
Wanizungukaa, Wanizungukaa,
Wanizungukaa
Wanizungukaa Wataka Kunila Nyamaa
Kunila Nyamaa, Kunila Nyamaa, Kunila
Nyamaa
Kunila Nyamaa Mbona Wanizungukaa

„Der Kilimanjaro ist ein hoher Berg. Der Mawenzi ist ein hoher Berg. Um mich herum schleicht eine Schlange. Schlange, willst Du mich beißen?"

Immer wieder und immer wieder singen sie dasselbe, bis auch in den Küchenhütten endlich Ruhe einkehrt und alle schlafen.

Wir haben uns von der Wanderung hier herauf erholt und einigermaßen akklimatisiert. So können wir gestärkt am Morgen des 20. Juni Richtung Kibo-Hütte aufbrechen. Um acht Uhr verlassen wir Horombo. Es hat zwar nur sechs Grad, aber die Sonne scheint, und wir freuen uns schon auf die Wanderung, die uns heute über den Kibosattel, zwischen Kibo und Mawenzi, führen wird. Um Viertel nach neun erreichen wir den Maui-River auf 3940 Meter Höhe. Das ist ein kleiner Bach, den wir rasch über Steine steigend durchqueren. Längst haben wir die Heide hinter uns gelassen. Wir sind bereits in die nächste Klimazone vorgedrungen, nämlich in die Hochwüste. Mit zunehmender Höhe ändert sich die Vegetation stetig. Um halb elf kommen wir zu einem Punkt, an dem wir den Weg zur Kibo-Hütte bereits vor uns sehen können. Da ich bereits wußte, wo die Kibo-Hütte liegt, konnte ich sie erahnen. Mit freiem Auge ist sie aber noch nicht sichtbar. Lili freut sich schon auf die Hütte, der Marsch ist für sie bereits anstrengend geworden, und die Sonne ist extrem stark. Auch der feine Staub und der kalte Wind sind nicht unbedingt angenehm. Trotzdem sind es noch fast drei Stunden zu gehen. Lili glaubt es mir nicht. „Es ist doch alles schon so nah!“ „Nein, das täuscht, du wirst sehen! Wir können nur ganz langsam gehen.“ Wir überqueren den Kibosattel, vorbei am Mawenzi, der rechts von uns liegt. Um 14 Uhr sind wir endlich oben bei der Kibo-Hütte auf 4750 Meter Höhe. Das letzte Stück war eine richtige Schinderei. Nach zehn Schritten mußten wir jeweils halten und rasten. Dabei schien uns die Sonne unbarmherzig auf den Kopf. Obwohl wir einen breiten Safarihut tragen, ist die Gefahr eines Sonnenstichs nicht gering. Unser Gesicht ist verschmiert mit einem Gemisch aus Sonnencreme, Staub und Schweiß. Ich setze mich in der Hütte nieder und stöhne vor unerträglichen Kopfschmerzen. Es ist nicht nur die Höhe allein, ich glaube, daß auch Sonne, Wind und Staub daran schuld sind. Peter bringt uns heißen Tee und dazu Kekse und Erdnüsse. Anschließend gibt es noch eine wohlschmeckende Tomatensuppe. Meine Schmerzen bessern sich, ich lege mich hin und schlafe ein.

Um Mitternacht wecken uns unsere beiden Führer Peter und Pongo. „The weather is good now. I think, we will do the mountain today. Are you o. k.?“ „Yes, all right.“ Also es geht los. Vor uns liegt nun der schwierigste Teil der gesamten Wanderung. Das ist mir klar. Ich erinnere mich noch an die tiefen Temperaturen und den eiskalten Wind, der mir um die Ohren blies. Die Höhe war für mich damals nicht mehr das Hauptproblem, sondern die Kälte. Auch heute ist es ziemlich kalt. Lili bleibt in der Kibo-Hütte. Sie fühlt sich zwar in Ordnung, aber die Kälte, die wir bis in die Hütte herein spüren, läßt sie nicht aus dem warmen Schlafsack kriechen. Ich denke auch, daß es besser ist, wenn sie hier in der Hütte bleibt. Die Anstrengung des harten Aufstiegs würde sie wahrscheinlich nicht verkraften.

In einer Reihe marschieren wir bergauf, zirka 20 Personen. Die Luft hat nur wenig Sauerstoff und ist extrem dünn. Schritt für Schritt steige ich bergauf. In sechs Stunden wollen wir am Gillman’s Point sein. Dann wird die Sonne aufgehen. Ich möchte unbedingt noch vor Sonnenaufgang oben ankommen, damit ich bei den ersten Lichtstrahlen meine Bilder machen kann. Nach jedem fünften Schritt bleibe ich kurz stehen und keuche. Ich bin außer Atem. Ich überlege: Soll ich zurück zur Kibo-Hütte oder den beschwerlichen Weg

Seite 32:
Die Horombo-Hütten auf 3780 Meter Höhe sind die Mitte unserer Wanderung und das wichtigste Lager. Hier übernachten wir dreimal.

Seite 33:
Phantastische Vegetation und Riesenblumen auf dem Weg zum Kibo machen unseren Aufstieg attraktiv und interessant.

Seite 34:
Alle Lasten, die wir für den Aufstieg benötigen, werden von unseren Trägern geschultert. Viele der Chaggas waren schon einige hundert Mal auf dem Berg.

Seite 35:
Der Mawenzigipfel hinter dem Maui-River auf zirka 3940 Meter Höhe. Er ist der kleinere Bruder vom Kibo, und sein Fuß dient uns für einen Trainingsmarsch an unserem Akklimatisationstag.

Seite 36:
Zum ersten Mal zeigt sich der Kibogipfel am Horizont, rechts davon können wir den Mawenzi erkennen. – „Der Kilimanjaro ist ein hoher Berg, der Mawenzi ist ein hoher Berg. Um mich herum schleicht eine Schlange. Schlange, willst Du mich beißen?“ heißt es im Kilimanjarolied. Die Schlange habe ich allerdings nicht gesehen.

Seite 37:
Der Weg über den Kibosattel führt durch die Hochwüste. Er ist sehr anstrengend, weil die dünne Luft, Sonne, Wind und Staub dem Wanderer das Leben zur Hölle machen können. Die Aussicht auf den Kibo lohnt aber die Mühe.

hinauf? Selbstverständlich hinauf! Also gehe ich wieder fünf Schritte. Die gleiche Frage stellt sich immer wieder. Hinunter in die warme Hütte oder hinauf? Hinauf! Verdammte Kälte! Wie weit ist es noch? Ich habe fast kein Gefühl in den Zehen. Jeder Schritt ist eine Qual. Wir haben gerade erst die Meyer-Höhle erreicht, die Hälfte des Weges. Ich frage Peter: „Warum können wir nicht auf die wärmende Sonne warten?“ „Das geht nicht. Der Weg ist noch zu weit.“ „Verdammt. Ich schaffe es nicht. Mir ist einfach zu kalt.“ Viel kälter als ich es noch von meiner ersten Besteigung in Erinnerung habe. Ich zittere vor Kälte.

Bei meiner ersten Besteigung hatte ich kein Thermometer dabei. Ich schätzte damals die Temperatur auf minus 25 Grad Celsius. Ich erinnere mich noch ganz genau:
Es ging in Serpentinen durch Aschensand bergauf zum Krater. Bei jedem Schritt rutschte ich wieder ein Stück zurück. Es war mühsam. Gott sei Dank hatte ich nichts zu tragen. Nicht einmal eine Kamera, die trug mein Guide Asseri. Mein Fotorucksack war auch nicht ohne, er wog mindestens 25 Kilo. Armer Kerl! Aber er war es ja gewohnt, und er wurde dafür gut bezahlt. Verdammte Schinderei! „Warum mußte ich ausgerechnet auf den Kilimanjaro? Nie wieder! Das war das letzte Mal!“ Nach neuerlichen drei Schritten wieder eine kurze Verschnaufpause. Tief Luft holen. Sollte ich zur Hütte runtergehen? Nein! Ich mußte nach oben!

Von der Kibo-Hütte hinauf zum Kraterrand ist das schwierigste Stück der ganzen Wanderung und bei Schlechtwetter fast nicht möglich. Wir hatten aber Glück, und das Wetter war o. k.
Die Anstrengung war groß, die Zeit verging nicht. So kämpfte ich mich Schritt für Schritt sechs Stunden qualvoll bis zum Gillman’s Point. Er ist zwar noch nicht der Gipfel, aber wenn man hier auf 5680 Meter Höhe am Kibo steht, gilt der Kilimanjaro als bestiegen. Eine weitere Steigerung für den Bergsteiger ist der Uhuru Peak, der absolut höchste Punkt von Afrika. Die Anstrengung, hier heraufzusteigen, war zwar groß, aber für mich nicht das Schlimmste. Das Schlimmste war die eisige Kälte und der Wind.

Sie sitzen wahrscheinlich gemütlich in Ihrem geheizten Wohnzimmer oder auf Ihrer Terrasse in der Sonne und genießen die Bilder in diesem Buch. Sie können sich daher kaum vorstellen, was es heißt, bei 25 Grad unter Null noch vernünftig zu fotografieren. Obwohl ich Spezialhandschuhe hatte, die Fingerlinge konnte man aufklappen, so daß nur die Fingerspitzen frei lagen, hatte ich kein Gefühl bei der Arbeit. Also zog ich sie für einen kurzen Moment aus. Ich ergriff mein Stativ und blieb mit der bloßen Hand daran kleben. Meine Hände taten höllisch weh! Ich sprang im Stand umher, um meine Zehen vor Erfrierungen zu bewahren. Ich schrie vor Schmerzen. Tränen rannen mir aus den Augen und froren zu Eis. Verdammte Kälte! Wann kommt endlich die Sonne mit ihren wärmenden Strahlen? Es dauert eine Ewigkeit, wenn man darauf wartet. Als sie dann endlich aufging, war es noch immer viel zu kalt. Ich mußte jetzt den Film wechseln. Aber das ging nicht so einfach. Der Film war durch die Kälte spröde geworden und brach mir in der Hand auseinander. Das Einlegen in die Kamera war schwierig. Auch beim Aufziehen mußte ich sehr vorsichtig sein, um den Film nicht zu beschädigen. Wenn ich zu Hause einen frischen Film aus dem Tiefkühlschrank herausnehme, der auf minus 20 Grad gefroren ist, habe ich bis jetzt noch nie Probleme gehabt. Ich habe diesen Film manchmal sofort in die Kamera gelegt und gearbeitet, er war nie spröde. Also mußte es jetzt bedeutend kälter sein als minus 20 Grad Celsius, vielleicht sogar minus 30 Grad. Mir tropfte es aus der Nase, direkt auf meine Leica. Das Wasser fror mit einem Knistern sofort zu Eis.

Diesmal habe ich ein Thermometer mitgenommen. Ich lege es auf den Boden und warte. Als ich es ablese, glaube ich meinen Augen nicht:
„Wir haben minus 47 Grad Celsius! Kannst Du Dir das vorstellen, Peter?“ „Sometimes it is colder, Sir. Much colder.“ Also hat es hier oben auch Temperaturen unter minus 50 Grad. Wahnsinn! Es ist kaum zu glauben. „Wo sind wir hier? Am Kilimanjaro, fast am Äquator in Afrika, oder am Mt. Mc. Kinley, hoch oben im hohen Norden?“ Minus 50 Grad Celsius! Bei so einer Temperatur fehlen einem die Worte. Es ist unbeschreiblich kalt. Vor allem, wenn man nicht darauf vorbereitet ist. Ich war auf minus 20 Grad gefaßt. Aber es ist mehr als doppelt so kalt! Es ist einfach die Hölle! „Nein“, meint Peter, „dort ist es sicher wärmer.“ „Was machen wir jetzt? Ich will nicht erfrieren.“ „Wir müssen weiter.“ Jeden Moment, den wir hier stillstehen, gehen wir das Risiko einer Erfrierung ein. Meine Zehen sind schon

so kalt, daß es richtig weh tut. Also Bewegung machen. Ich gehe fünf Schritte bergauf. Ich kann nicht mehr, muß verschnaufen und brauche Zeit, um zu rasten. Und genau da liegt der Haken: Wenn ich stehenbleibe, fährt mir die Kälte durch den Körper, der eisige Wind schneidet im Gesicht, und es wird noch unerträglicher. Oft stütze ich mich auf meinen Gehstock. Mir rinnen die Tränen aus den Augen, weil die Kälte so schmerzt. Mir fehlen gerade noch 50 Meter bis zum Gillman's Point. Ich kann bereits einige Leute erkennen, die den ersehnten Punkt geschafft haben. Aber ich kann nicht mehr. Ich bin völlig erschöpft. Am Ende meiner Leistung. Ich setze mich auf einen Stein. Pongo nimmt mich am Arm und zerrt mich wieder hoch. „Wir müssen da hinauf, hier ist es zu kalt." „Ja, aber ich kann nicht mehr." Ich breche fast vor Erschöpfung zusammen. Endlich stehen wir oben. „You have reached the Gillman's Point, 5680 m." Halleluja!

Ich bin überglücklich. Ich bin an meiner Leistungsgrenze angelangt. Endlich kommt die Sonne über den Horizont. Ich ziehe meine dicken Wollfäustlinge aus und strecke meine Hände nach ihr aus und versuche einige Strahlen einzufangen, um mich zu wärmen. Aber trotz Sonne ist es hier noch immer zu kalt. Es hat hier jetzt minus 10 Grad, und meine Hände frieren weiter. Bei meinem ersten Gipfelanstieg hatten wir nach Sonnenaufgang Wärmegrade. Aber daraus wird heute nichts.

Ich brauche lange, meinen Fotorucksack zu öffnen und die Kamera herauszunehmen. Immer noch zittere ich am ganzen Körper. Die Leica R7 ist wie ein Eisblock, auch tiefgefroren. Hoffentlich funktioniert sie in diesem Zustand. Aber darauf kann ich mich wirklich verlassen. Die Kamera arbeitet einwandfrei. Ich muß zwar von Hand aufziehen, weil die Batterien des Winder bei diesen Temperaturen versagen. Außerdem besteht wieder die Gefahr, daß der Film bricht. Also Vorsicht!

Die Eiskaskaden hier oben am Kibogipfel sind phantastisch. Der Blick lohnt Mühe und Anstrengung. Große Eiskaskaden prägen das Panorama. Gewaltig! Johannes Rebmann hatte also doch recht: Es gibt den Schnee am Äquator bzw. das Eis am Kilimanjaro doch! Es hat in den letzten Monaten viel geregnet. Hier oben ist daher viel Schnee gefallen und zu Eis gefroren. Viel zuviel. Deshalb ist es uns nicht möglich, bis zum Uhuru Peak weiterzugehen, obwohl ich es mir vorgenommen hatte.

Am Vormittag machen wir uns zum Abstieg bereit. Im Laufschritt geht es in nur einer halben Stunde hinunter bis zur Kibo-Hütte. Für die gleiche Strecke, die wir in sechs Stunden heraufgestiegen sind, brauchen wir jetzt nur einen Bruchteil der Zeit zum Hinuntergehen. Schnell noch die Sachen aus der Hütte holen, und los geht es hinunter bis Horombo.

Auf Horombo müssen wir noch einmal eine Nacht verbringen, bevor wir dann direkt bis zum Eingangstor, dem Marangu Gate, hinunterwandern. Schnellen Schrittes. Nicht mehr pole pole.

Wann gehen wir wieder hinauf auf den Kibo?

Seite 40:
Links: Mawenzi, rechts: Kibo. Diese Aufnahme entstand auf kenianischer Seite vom Amboseli-Park aus, ist also grenzüberschreitend, weil der Berg in Tanzania liegt. Die Tanzanianer sagen mit Recht: Es ist unser Berg. Also sollen die Touristen gefälligst von unserer Seite aus ihre Wanderung beginnen, und ihr Geld auch in Tanzania lassen. So konnte man eine gewisse Zeit nur von Tanzania den Kibo erklimmen.

Seite 41:
Der Tag bricht an, ich stehe bereits am Gillman's Point und sehe den Mawenzi. Die Temperatur beträgt minus 47 Grad Celsius, und ich habe allergrößte Mühe, dieses Foto zu machen, weil mir nicht nur lausig kalt ist, sondern auch der Film in der Kamera schon so spröde geworden ist, daß er beim Aufziehen der Kamera leicht brechen kann. Bei solchen Temperaturen gefriert bereits das Wasser, das aus der Nase tropft, bevor es am Boden aufkommt.

Seiten 42/43:
Der Sonnenaufgang oben am Gillman's Point. Und der berühmte Schnee am Kilimanjaro. Die Temperatur beträgt immer noch minus 10 Grad Celsius.

Seiten 44/45/46:
Nicht nur ich, auch die Bergführer sind an der Leistungsgrenze angekommen.

Seite 47:
Mein erster Gipfelaufstieg bis auf 5680 Meter im Jahr 1993.

Seite 48:
Vom Gipfel des Kibo sehen wir gut auf die Kibo-Hütten hinunter. Der Weg herauf führt in einer sechs Stunden dauernden Qual durch die Kältehölle und durch Aschehalden. Hinunter geht es im Laufschritt in nur einer halben Stunde.

Seite 49:
Weit weg erscheint der Gipfel des höchsten Berges von Afrika. Abmarsch vom Marangu Tor.

YOU HAVE REACHED GILMANS POINT
5680M. A.S.L.

Uganda

Nach wochenlangen Vorbereitungsarbeiten beim Zusammenstellen meiner ersten Afrikareise im August 1993 konnte ich es kaum erwarten, meinen Fuß auf den Schwarzen Kontinent zu setzen. Von Nairobi ging es gleich weiter nach Uganda. In einer kleinen, klapprigen Propellermaschine kam ich dann in Entebbe am Victoriasee an. Am nächsten Tag holte mich Emmanuel, ein junger, sympathischer Schwarzafrikaner, vom Hotel ab. Gleich nach dem Frühstück verstauten wir meine fünf Alukisten Gepäck in seinem Pinzgauer Geländewagen. Ich hatte geplant, die nächsten sechs bis acht Wochen in Ostafrika zu fotografieren. Dafür hatte ich nicht nur eine komplette Leica-Ausrüstung, sondern auch zwei schwere Stative und, speziell für die Tierfotografie in der Wildnis, lange Teleobjektive eingepackt. Dazu kamen noch 400 Filme und die für die Kilimanjarobesteigung entsprechende Ausrüstung: Schlafsäcke, Thermomatten, Campingküche, Proviant, Zelt, Moskitonetz, Fotorucksack und noch einiges an Kleinigkeiten, das verständlicherweise das Gepäck umfangreich und schwer machte. Alles in allem waren das an die 100 Kilo Gepäck. Das mußten wir nun so verstauen, daß auch bei schwierigsten Geländefahrten, die uns bevorstanden, nichts kaputtgehen oder während der Fahrt verrutschen konnte.

Emmanuel, zirka 20 Jahre alt, arbeitet als Fahrer für einen Österreicher, der sich hier in Uganda eine Lodge gekauft hat. Er will diese schon bald als Hotelbetrieb für Abenteurer betreiben. Sie liegt ganz im Westen von Uganda, am Kyambura (sprich: Tschambura) Nationalpark. Er hat mich für einige Tage eingeladen, hier zu fotografieren. Damit er durch unwegsames Gelände fahren kann, hat er sich gleich drei Militär-Geländewagen angeschafft. Alle mit speziellen Getrieben und Differentialsperren ausgestattet. Einer ist sogar dreiachsig. Dieses Fahrzeug zählt zu den besten Fortbewegungsmitteln fernab von jeder Zivilisation mitten im Busch.

Unsere Fahrt geht nun auf der gut ausgebauten Landstraße zuerst nach Kampala, der Hauptstadt von Uganda, dann weiter nach Westen. Am Straßenrand finden wir an einigen Stellen noch die Überreste des Bürgerkrieges. Da stehen alte Panzer, die vor sich hinrosten. Kinder spielen und klettern daran hoch. In Uganda herrscht nun endlich wieder Frieden. Die Menschen sind zwar arm, aber glücklich, daß der verdammte Krieg endlich vorbei ist. Nun bauen sie ihr Land wieder auf. Überall kann man den Optimismus wahrnehmen. Oft wird hier mit den einfachsten Mitteln gearbeitet. So sehe ich am Straßenrand einen Friseur, der hat nur zwei Stühle. Die stellt er neben die Landstraße, und schon beginnt er mit seiner Arbeit. Wenn Sie sich hier eine neue Frisur machen lassen wollen, dann nehmen Sie einfach auf einem der beiden Stühle Platz. Für wenig Geld bekommen Sie hier Ihren neuen Haarschnitt.

Über Masaka und Mbarara kommen wir am Abend nach Katunguru in den Kyambura Nationalpark. Hier müssen wir von der asphaltierten Straße abzweigen, hinein in den Busch. Am Vortag hat es geregnet, und so stehen überall noch knöchel- bis knietiefe Pfützen. Der Boden ist sehr weich. Aber unser Pinzgauer schafft diese kleinen Hindernisse ohne Differentialsperre mit einer Leichtigkeit, die ich kaum für möglich gehalten hätte. Emmanuel ist etwas übermütig geworden. Um seine Fahrkünste zu demonstrieren, fährt er wild durch die Lachen, so daß das Wasser spritzt und wir uns festhalten müssen. Mit einem normalen Auto hätten wir hier keine Chance gehabt durchzukommen. Nach wenigen Metern wären wir im Schlamm hängengeblieben. Emmanuel lacht und erklärt mir, daß dies eigentlich noch gar nichts sei, im Vergleich zu dem, was noch kommen sollte.

Ein Parkwächter steigt zu uns ins Auto, mit seinem Maschinengewehr, wahrscheinlich zum Schutz vor Wildtieren. Auf der Weiterfahrt wird der Schlamm immer tiefer. Emmanuel schaltet jetzt zum Untersetzungsgetriebe auch noch die Differentialsperre dazu, und der schwere Pinzgauer pflügt sich mit aller Kraft durch meterbreite und -lange Schlammlöcher, die undurchdringlich scheinen. Gleich am ersten Tag stelle ich fest, was wir an diesem Fahrzeug haben. Wie in einem Boot komme ich mir vor, das von der Strömung wild hin- und hergerissen wird. Wir müssen uns mit aller Kraft festhalten. Dann geht es über steile Hügel hinauf. Ich habe das Gefühl, daß das Auto gleich nach hinten kippt und wir auf dem Dach liegen werden. Endlich erreichen wir die Lodge, die an einem herrlichen See liegt. Hier werde ich also in den nächsten Tagen meine ersten Afrikabilder fotografieren. Ein atemberaubender Sonnenuntergang und das Quaken der Frösche lassen mich in meiner Begeisterung alles andere vergessen. Jetzt bin ich endlich da, in Afrika.

Wilderer dezimierten in Uganda während des Bürgerkrieges viele Tierarten. Elefanten, Büffel und Hippos wurden bis 1986 abgeschossen, Nashörner sogar ausgerottet. Im Nationalpark erhalte ich meine ersten Eindrücke vom Wildlife. Was mich hier am meisten fasziniert, ist die Vogelwelt, die noch in Ordnung zu sein scheint. So kann ich zum Beispiel den Kronenkranich, das Wappentier Ugandas, in freier Wildbahn fotografieren. Ein besonderes Erlebnis sind die Hippo-Pools am Kazingakanal, der den Edward- mit dem Georgesee verbindet. Hier leben heute noch Fischer, die mit ihren Einbäumen auf Fischfang gehen und manchmal sogar selbst zur Beute von Flußpferden und Krokodilen werden, von denen es hier unzählige gibt.

Mit dem 350-mm- bzw. 400-mm-Objektiv an der Kamera, ausgestattet mit einem Winder und einer Schulterstütze, kann ich, ähnlich wie mit einem Gewehr, auf Tiere „schießen". Ohne diese langen Objektive würde ich nicht zu speziellen Aufnahmen kommen. Lange Teleobjektive wie 350 mm, 400 mm, 560 mm und 800 mm werden hier in der freien Wildbahn zu Normalobjektiven. So zum Beispiel warte ich hier am Fluß in einem Boot auf einen Seeadler, der sich einen Fisch holen will. Jetzt heißt es blitzschnell reagieren und gleich eine ganze Fotoserie schießen. Nur ja nicht mit dem Film sparen! Das wäre der schlimmste Fehler, den man in der Tierfotografie machen kann. Ich ziehe einen halben Film mit dem gleichen Motiv durch. Damit produziere ich verständlicherweise jede Menge Ausschuß, aber ich habe auf jeden Fall einen Treffer, der sich sehen lassen kann. Ich lege auf das Tier an, schnell die Schärfe einstellen, mitziehen, und wenn es interessant wird, sofort, ohne zu zögern, den Finger auf den Auslöser, und drauf bleiben, bis die Szene im Kasten ist. Natürlich stelle ich einige Male die Schärfe nach und mache verschiedene Einstellungen. Wenn dabei auch nur ein wirklich gutes Foto übrigbleibt, hat sich der Aufwand auf jeden Fall gelohnt. Immer wieder höre ich von den Gästen meiner Fotoreisen, was ein Autofocus alles kann, und die Frage, warum ich keinen verwende. Ich muß dazu sagen, daß ich erstens mit dem manuellen Scharfstellen mindestens genauso schnell bin, wenn nicht schneller. Vor allem bei schwierigen Motiven hat ein Autofocus seine Schwächen. Also besser mit der Hand einstellen, mit etwas Übung geht das sehr exakt und schnell. Viel wichtiger scheint mir ein heller, brillanter Kamera-Sucher, und da ist die Leica nicht zu übertreffen.

Das Arbeiten in den Nationalparks Ostafrikas, in der Wildnis vor Ort, setzt vor allem Geduld voraus. Denn die Tiere sind nicht so einfach wie im Zoo zu fotografieren. Man muß oft tagelang auf einen guten Schuß warten können. Und wenn es dann soweit ist, wie im Falle meines Adlers, sofort ohne zu zögern richtig reagieren. Stabilität ist sehr wichtig, gerade wenn man mit langen Objektiven arbeitet. So muß ich oft im Safarifahrzeug, das ich nicht verlassen kann, wenn wilde Tiere in der Nähe sind, ein Stativ aufstellen. Jede kleinste Bewegung im Fahrzeug bringt trotz des schweren, stabilen Stativs die Kamera zum Vibrieren und macht das Fotografieren zur Geduldsprobe. Deshalb ist es unbedingt nötig, jemanden im Auto zu haben, der weiß, worum es geht, und natürlich viel Geduld und Ausdauer hat. Am besten ist es, wenn man als Fotograf alleine mit seinem Helfer und dem Safarifahrer ist.

Wichtig ist, daß die Fotoausrüstung gut gegen Staub, Feuchtigkeit und Erschütterungen geschützt ist und sorgfältig transportiert und aufbewahrt wird. Am besten eignen sich im Gelände wasserdichte Alukisten, die den hochempfindlichen Geräten den nötigen Schutz geben. Ich steige manchmal auf sie, um einen höheren Fotostandpunkt zu haben, und verwende sie in den Fotopausen als Sitzgelegenheit. Einen kleinen Beutel, den ich vor Ort mit Reis fülle, habe ich auch immer dabei. Den lege ich auf das Autodach als Stütze für meine Teleobjektive. So kann ich auch aus der Hand mit langen Brennweiten verwacklungsfrei fotografieren. Wildtierfotografie in Ostafrika, das ist „Abenteuer heute“, wie ich es liebe.

Wir setzen unsere Fahrt Richtung Fort Portal fort, vorbei am dritthöchsten Gebirge Afrikas, dem Ruwenzori. Es beginnt zu regnen, der Regen wird immer stärker, es schüttet bereits so stark, daß durch einige Löcher, die das Planenverdeck unseres Pinzgauers hat, Wasser eindringt. Ich bin schon fast bis auf die Haut naß, obwohl ich im Auto sitze. Nun packe ich meinen Regenponcho aus. Einer unserer afrikanischen Begleiter spannt hinten im Wagen einen Regenschirm auf. Alles ist naß. Zum Glück haben wir Alukisten, sonst hätten wir jetzt ernsthafte Probleme mit unserer Fotoausrüstung. Der Ruwenzori sei ein richtiges Regenloch, habe ich mir sagen lassen. Es ist daher sehr schwierig, eine Reise in dieses Gelände genau zu planen. Die Straßen abseits von der Hauptstraße scheinen mir auch für unseren Geländewagen ein Problem zu werden. Also fahren wir lieber am Ruwenzori vorbei, hinauf nach Norden. Zu allem Überfluß reißt uns jetzt auch noch mitten auf der Landstraße, abseits von jeder Zivilisation, das Gasseil. Dies zwingt uns bei strömendem Regen zu einer Reparatur, die wertvolle Zeit kostet. Emmanuel hat, wie vermutet, kein passendes Werkzeug mit, nur eine alte, verrostete Kombizange. Verdammter Regen! So habe ich mir immer die Wildnis vorgestellt! Endlich geht es weiter. Wir müssen uns beeilen, um vor Sonnenuntergang noch einen geeigneten Platz zu finden, um unser Zelt aufbauen zu können. Denn hier am Äquator geht die Sonne sehr schnell unter, und es ist dann plötzlich stockdunkel. Bei Neumond sieht man nicht einmal mehr die Hand vor dem Gesicht. Vor allem müssen wir eine Stelle finden, wo es nicht zu naß ist. Wir haben Glück und finden einen Platz, an dem wir auch ein Lagerfeuer entzünden und unsere nassen Kleider trocknen können. Emmanuel kocht eine Suppe, und Hans, mein Begleiter, schmiedet bereits die Pläne für morgen. Ihn haben wir als Reiseführer engagiert, er hat gute Afrikaerfahrung, weil er jahrelang in Südafrika als Reiseleiter gearbeitet hat.

Zeitig am Morgen verlassen wir die gut ausgebaute Straße, und über eine staubige Piste geht es einige Kilometer nach Westen, fast bis zur Grenze von Zaire. Wir sind am Zentralafrikanischen Grabenbruch. Da gibt es Springquellen, Schlammvulkane und phantastische Landschaften zu sehen. Im Westen Ostafrikas leben heute noch kleinwüchsige Menschen, die sich vom Fischfang und der Jagd ernähren. Wir sind zu Gast bei den letzten Pygmäen. Nach einer kurzen Verhandlung mit dem Dorfältesten bekomme ich die Erlaubnis zu fotografieren. Die Pygmäen laden uns zu einem Tanz ein. Ich darf auch mein Tonband mitlaufen lassen, so daß ich für meine Multivisionsvorträge, die LEICAVISION, Original-Tonaufnahmen mit nach Hause nehmen kann. Ich bin begeistert. In dieses Gebiet kommen nur sehr selten, wenn überhaupt, Europäer. Wir sind sehr weit von den üblichen Touristenzielen entfernt.

Seite 54:
Auf dem Taxistandplatz von Kampala, Uganda, findet man schon das richtige Matatu (aber Vorsicht: vergleiche: Matatu = Sammeltaxi, Matata = Problem, Hakuna Matata = kein Problem, Matatu und Matata haben irgendwie etwas gemeinsam...). Die Fahrer schreien ihre Fahrziele jedenfalls lautstark durch die Gegend, und aus den fahrenden Matatus hängt oft bei offener Türe und quietschenden Reifen eine Menschentraube, die sich mit aller Kraft am Auto festhält und aufpassen muß, daß keine Passanten am Straßenrand von ihnen gestreift werden.

Seite 55, links:
Noch billiger als mit dem Matatu geht es mit dem „Specialtaxi".
Rechts: Uganda ist nach den langen Jahren des Bürgerkrieges wieder am Aufbau, die Menschen sind optimistisch.

Seite 56:
Die Kinder spielen mit dem alten, vergessenen Kriegsgerät, das vor sich hinrostet und an alte Zeiten erinnert.

Seite 57:
Auf afrikanischen Märkten gibt es viel zu sehen, zu fotografieren und zu kaufen.

Seite 58/59:
„Ohne Frauen läuft hier gar nichts", schrieb einmal ein Magazin und hatte recht.

Seite 60:
Gewitterstimmung in der ostafrikanischen Steppe.

Seite 61:
Ein Seeadler holt sich seine Mahlzeit aus dem Fluß. Da heißt es blitzschnell reagieren und immer mit der Kamera schußbereit sein.

Seiten 62/63/64/65:
Zu Gast bei den letzten Pygmäen in Uganda.

UGANDA TRANSPORT
Miniprice
Miniprice
TOYOTA
TOYOTA
PEPSI
P.S.V.

TAXI
SPECIAL
№ 15

Gorillas im Nebel

Einige hundert Bilder habe ich bereits auf meinen Filmen. Wir verabschieden uns von unseren Freunden in der Kyambura-Lodge, und die Fahrt geht nach Süden. Emmanuel bringt uns nach Mbarara, von dort aus geht es weiter nach Kabale. In Kabale ist an diesem Tag Markt. Nicht nur wegen der guten Fotomotive, sondern damit wir uns mit frischen Lebensmitteln eindecken können, müssen wir unbedingt hin. Für den engagierten Fotografen ist so ein Markt ein El Dorado für gute Motive. Man kann hier mit den Menschen leicht ins Gespräch kommen, gute Tips für die Weiterfahrt bekommen und gute Fotos machen: Menschen im Alltagsleben, Porträts, spielende Kinder, buntes Gemüse und Obst. Wo gibt es sonst so herrlich schöne Farben und Motive? Ein Mann schlägt mit einer Axt Fleisch in Stücke, das muß wohl der Metzger sein. Appetitanregend ist sein Marktstand nicht, überall sitzen dicke Fliegen und Käfer, aber es ist die einzige Möglichkeit, in diesem kleinen Ort Fleisch zu kaufen. Meine Begleiter kümmern sich um unsere Verpflegung, während Emmanuel beim Auto bleibt. Ich kann inzwischen fotografieren.

Auf den Märkten Ostafrikas gibt es viel zu sehen. Wenn man mit offenen Augen durch diese Welt geht, kann man viele Details erkennen. So zum Beispiel afrikanisches Recycling: Da schleift ein Mann alte, nicht mehr benötigte Autofedern zu scharfen Messern, montiert einen Holzgriff daran und verkauft dieses neue Produkt hier. Eine Frau sitzt in ihrer Hütte und zerlegt alte Butterdosen. Die werden dann umgearbeitet, und man verkauft sie als brauchbare Öllampen. Auch den Autohändler und den Ersatzteileverkäufer habe ich hier auf dem Markt gefunden. Wenn das Auto Probleme macht, bekommt man fast jedes Ersatzteil. Der einzige Haken an der Sache ist, man muß nur lange genug suchen, um das richtige Teil zu finden. Aber Zeit hat man hier in Afrika. Es eilt wirklich nichts. Jeder, der nach Afrika reist, sollte sich genügend Zeit nehmen. Streß und Hektik sind in Afrika fremd.

Immer wieder begegnen uns auf der Straße Frauen, die schwere Lasten tragen, Holz, Wasserkanister oder Früchte. Ein Magazin schrieb einmal über Ostafrika „Ohne Frauen läuft hier gar nichts." Und das stimmt, denn die Frauen sind es, die hier die Lasten durch die Gegend tragen.

Wir fahren in den südwestlichsten Zipfel von Uganda, in die Dreiländerecke Uganda, Ruanda und Zaire. Die Straße von Kabale nach Kisoro führt durch wunderschöne Landschaften und läßt mich immer wieder an die Andentäler Südamerikas denken, wären da nicht die Schwarzafrikaner mit ihren Strohhütten. Direkt am Straßenrand steht ein älterer Mann. Bei einem kurzen Gespräch erzählt er mir, daß in jeder der Hütten in dem kleinen Dorf am Berghang eine seiner Frauen wohnt. Er muß sich also an die 20 Frauen leisten können. Dies ist nichts Ungewöhnliches. Er muß aber jeder dieser Frauen ein eigenes Haus bauen und darf keine vernachlässigen.

Kisoro ist die Grenzstation Ugandas mit Zaire. Zaire gehört zwar bereits zu Zentralafrika, trotzdem möchte ich einen kurzen Ausflug hinüber machen, hinauf in die Virunga-Vulkane. Dort leben heute noch die letzten Berggorillas, die vom Aussterben bedroht waren. Das Auto müssen wir in Uganda lassen, wir können damit nicht nach Zaire einreisen. Emmanuel bleibt zurück und bewacht das Fahrzeug, und ich gehe zu Fuß über die Grenze nach Zaire. Beim Grenzübertritt erhalte ich, wie dies hier überall üblich ist, gleich mehrere Stempel zu meinem Visum im Paß. Die Afrikaner legen großen Wert darauf, sie sind Weltmeister im Stempeln. Es gibt runde, ovale, rechteckige und sogar dreieckige Stempel in allen Farben und Größen. Warum dies so ist? Einige afrikanische Länder erhalten von anderen Staaten Unterstützungen und müssen daher eine gut funktionierende Verwaltung vorweisen können.

Nachdem ich zwei Träger für meine Rucksäcke gefunden habe, geht es bergauf Richtung Gorillastation. Berggorillas können wir auch in Uganda und Ruanda finden, nur ist dies etwas schwieriger als in Zaire. Ein schöner, nicht zu anstrengender Tagesmarsch bringt uns hinauf in den „Parc Natl. des Volcans“. Dabei stelle ich fest, daß Zaire ein sehr schönes Land ist. Die Menschen scheinen hier noch ärmer zu sein als in Uganda. Einige Burschen zeigen mir stolz ein holzgeschnitztes Fahrrad, das sie selbst gemacht haben. Alle verlangen: „Give me a pen.“ Zuerst wußte ich nicht, was das soll, bis ich verstanden habe, daß sie Kugelschreiber haben wollen. Wenn Sie nach Afrika reisen, denken Sie daran, genügend Kugelschreiber mitzunehmen, denn die Kinder können dieses wertvolle Utensil nirgends kaufen, brauchen aber Stifte, um in den Schulen ihre Aufgaben schreiben zu können. Ein wertvolles Mitbringsel, das Ihnen Kleingeld spart. Kein Geld, sondern nützliche Dinge schenken, ist sinnvoll. Vorbei an Strohhütten und Teeplantagen wandere ich stundenlang bergauf. Eine Traumlandschaft liegt vor mir, wie aus dem Märchenbuch.

Für eine Gorillatour sind pro Tag nur sechs Personen zugelassen, und man braucht deshalb ein eigenes Permit und viel Glück, um bis zu den Tieren zu kommen. Ich schlage vor dem Eingang zur Station mein Zelt auf und hoffe, diese Genehmigung am nächsten Tag zu bekommen. Einige Male versuche ich, den Portier auszufragen, wie denn die Chance stehe, morgen zu den Gorillas mitgehen zu können. Meine Zeit ist sehr knapp, denn ich habe eine lange Liste von Zielen, die ich hier in Afrika unbedingt sehen will. Er meint, es wäre sehr schwierig, da schon viele andere Besucher warten. Zugegeben, ich sah nicht viele. Es gäbe keine Chance für die nächsten Tage. Ich kann aber nicht warten. Unmöglich! Ich weiß natürlich, daß er nur auf gutes Trinkgeld spekuliert und versuche, ihm meine Situation zu erklären. Doch er läßt mich die Nacht über im ungewissen. Endlich geht die Sonne auf. Mir ist klar, sollte ich zu den Gorillas wollen, kostet mich dies einiges an Trinkgeld. Jeder Tag ist kostbar, wenn man als Fotograf hier im Lande unterwegs ist. Also muß ich tief in die Tasche greifen und bin dabei.

Es geht zirka zwei Stunden durch dichtesten Urwald. Unser Führer schlägt mit einem Buschmesser immer wieder den Weg frei, bis er frische Losung der

Tiere findet. Wir sind schon ganz nah dran. Endlich, in einer kleinen Waldlichtung treffen wir eine Gruppe von Berggorillas. Es ist ein phantastischer, überwältigender Anblick. Die Familie besteht aus zirka zehn Tieren. Diese Szenen werde ich mein Leben lang nicht vergessen. Vor lauter Verzückung stehe ich da und weiß nicht, wo ich zuerst hinsehen soll. Mit meinem rechten Schuh bin ich in frische, weiche Affenlosung getreten, er ist total verschmutzt und stinkt fürchterlich. Mit dem linken Schuh stehe ich auf einem Ameisenhaufen. Die großen Waldameisen klettern in meiner Hose hoch, und bestrafen mich auch gleich, indem sie mich wie verrückt zwicken. Was ist nun schlimmer? Der Schweiß steht auf der Stirn und rinnt mir in die Augen. Zusammen mit der Sonnencreme gibt dies ein Gemisch, das in den Augen brennt. Ich weiß nicht, soll ich den Dreck vom Schuh putzen, die Ameisen abschütteln oder gute Bilder machen, die ich bestimmt nicht wieder bekäme? Es ist unerträglich. Ich entscheide mich gegen die Ameisen. Endlich von diesen Peinigern befreit, kann ich meine Safarihose so in die Socken stecken, daß sie nicht mehr zwischen Hose und Bein hochklettern können. Plötzlich steht der Silberrücken, der Chef der Gorillas, neben mir. „Schau ihm nicht in die Augen“, flüstert unser Urwaldführer aufgeregt zu mir herüber. Aber es ist schon passiert. Der Silberrücken schlägt mir mit seiner Hand so stark auf meinen Rücken, daß ich samt Fototasche, die zirka 25 Kilo wiegt, das Gleichgewicht verliere und im Gebüsch lande. Der Gorilla hat mich hart getroffen, und ich liege nun zwischen den Zweigen und Blättern des Dschungels und kann nur schwer aufstehen. Hoffentlich liege ich nicht wieder in der Affenlosung, und hoffentlich gibt es hier keine Ameisen. Einem Silberrücken sollten Sie niemals in die Augen sehen. Das hat er nicht gerne. Damit verletzen Sie sein Selbstgefühl und vermitteln ihm den Eindruck, daß er der Unterlegene sei. Immer Demut zeigen, sich klein machen und nicht dem Muskelpaket in die Augen sehen. Das haben wir vor dem Abmarsch gelernt. Aber wer erinnert sich schon in der Aufregung an solche Kleinigkeiten? Einige Meter neben mir, ich liege immer noch im Gestrüpp und überlege wie ich aufstehen soll, sitzt ein ganz kleiner Gorilla, ein Baby. Er zupft an einem Blatt. Man könnte die Tiere hier in der freien Natur theoretisch auch streicheln, so nah sind sie. Sie haben keine Angst. Tun Sie dies aber nicht! Wir sollten auf jeden Fall den nötigen Respekt und die Achtung für die Natur haben. Phantastische Aufnahmen habe ich hier bei den Berggorillas machen können. Einige Stunden bin ich hier bei ihnen zu Gast gewesen. Ein herrlicher Tag!

Für die Fotoamateure unter Ihnen möchte ich an dieser Stelle noch kurz einige Tips geben:
Wenn Sie in den Wald gehen, um Berggorillas zu fotografieren, dann reicht normalerweise der 64-ASA-Film nicht aus, weil es im Gebüsch relativ dunkel ist, auch die Gorillas sind schwarz. Nehmen Sie auf jeden Fall einen 400-ASA-Film mit und ein Blitzgerät. Besser ist es aber, möglichst nicht zu blitzen, aus Rücksicht auf die Tiere, obwohl die Wildhüter dies genehmigen.

Diane Fossey kam in den sechziger Jahren in die Virungaberge, um die Berggorillas zu zählen. Bis 1985 lebte sie bei und mit den Gorillas. Sie war es, der wir heute verdanken können, daß diese Tierart noch nicht ausgerottet wurde.

Vielleicht haben auch Sie den Film gesehen „Die Gorillas im Nebel". Darin wird die Lebensgeschichte von Diane Fossey erzählt und wie sie ihre Berggorillas schützte und mit ihnen lebte. Sie betrieb ihre Arbeit mit dem nötigen Fanatismus und kämpfte mit ihrer ganzen Kraft um das Überleben dieser Tierart. Ein sehr interessanter Film, in dem auch die Probleme Afrikas ein wenig gezeigt wurden. Ich empfehle Ihnen zum besseren Verständnis von Ostafrika, dieses Video zu kaufen.

Als ich dann bei meinem Zelt angekommen war, steht auch schon mein Träger da, der mir meinen Rucksack gestern hierherauf getragen hatte, und will mich wieder zur Grenzstation hinunterbringen. Aber diesmal will er sein Geld schon, bevor wir losgehen. Ich kann mich an den Weg hierherauf nicht mehr genau erinnern. Das weiß dieser schlaue Bursche ganz genau, und jetzt, da ich ja keine andere Wahl habe, als mit ihm einfach mitzugehen, kann er leicht auch mehr Geld verlangen und mich damit erpressen. Er ist recht unverschämt und will gleich den zehnfachen Preis haben, obwohl ich bereits gestern beim Heraufgehen schon viel zuviel gegeben habe. Ich erkundige mich bei einem anderen Touristen, und der informiert mich über den üblichen Trägerlohn. Also lehne ich ab, und tue so, als würde ich ganz genau wissen, wo der Weg sei. „Ich gehe heute alleine", ist meine Antwort. Der Bursche glaubt mir natürlich nicht und läßt nicht locker und macht immer wieder aufs neue günstigere Angebote. Ich erkundige mich bei einem seiner Kollegen nach dem Honorar, und dieser andere Träger verlangt doch tatsächlich nur einen Bruchteil dessen, was ich beim Heraufgehen bezahlt habe. Also los, wir gehen! Bis Sonnenuntergang will ich unten an der Grenzstation zwischen Uganda und Zaire sein. Das ist kein Problem. Hakuna Matata. Ich kam zu unserem Auto, Emmanuel wartet bereits verläßlich und pünktlich, und wir fahren nach Kampala zurück. Morgen bereits geht unsere Reise weiter zu den Kabalaga Falls.

Seite 70:
In den Virunga-Vulkanen leben heute noch Berggorillas. Wir sind unterwegs auf den Spuren von Diane Fossey und genießen die Reiseroute weit abseits vom Massentourismus.

Seiten 71–73:
Keinen Schritt näher! Die Gorillas haben den Fotografen unentwegt im Auge, der sich bis auf wenige Meter genähert hat. Die Berggorillafamilie in Zaire kann heute wieder ruhig und in Frieden leben. Dank einer Frau, die 1985 mit ihrem Leben für ihre riskante Arbeit gegen korrupte Leute und Wilderer bezahlte.

Abenteuer Straße

Mein nächstes Erlebnis hatte ich auf der Rückfahrt von den Kabalaga Falls (Murchison Falls), wo der Nil, der ja in Uganda entspringt, bevor er nach Norden fließt, einige Meter in die Tiefe stürzt.

Wir saßen gemütlich beim Frühstück. Es war der letzte Tag in Uganda, morgen sollten wir bereits nach Mombasa weiterfliegen, um die Schönheiten von Kenia zu fotografieren. Das Frühstück war sehr einfach, doch wir saßen in einer schönen Holzveranda eines kleinen Straßen-Gasthauses und genossen den Duft der frischen Morgenluft.
Dann fuhren wir los. Uns fehlte gerade noch eine halbe Stunde bis nach Kampala. In Uganda fährt man, weil es ja britische Kolonie war, wie auch in Kenia links. Die Landstraße war nicht ganz plan, sondern an den Straßenrändern ein wenig nach unten abfallend, aber durchaus gut befahrbar. Wir fuhren zirka 80 km/h. Plötzlich ein Knall, wie eine sehr nahe Explosion! Wir hatten links vorne einen Reifenplatzer! Das Schlimmste, was passieren konnte. Hoffentlich kann Emmanuel das Auto stabilisieren! Er hatte noch nicht viel Erfahrung und auch noch nie einen Reifenplatzer erlebt. Der Pinzgauer war zwar im Gelände sehr gut, aber auf der Landstraße nicht einfach zu fahren. Besonders in so einer Extremsituation nicht, weil der Fahrer vor der Vorderachse sitzt. Die Lenkkräfte wurden sehr stark, das Auto zog nach links, und Emmanuel konnte es nicht mehr auf der Straße halten. Mit aller Kraft versuchte er, das Auto nach rechts, also wieder auf die Straße, zu ziehen, aber wir drifteten nach links die Böschung hinunter. Staub wirbelte durch die Gegend. Vor uns lag eine Bananenplantage. Das Auto wurde nicht langsamer. Gott hilf uns! Wenn sich der Wagen überschlägt, sind wir alle tot! Wir hätten keine Chance, denn das Fahrzeug ist durch sein Spezialgetriebe unten sehr schwer, oben aber hat es nur ein Planenverdeck. Die Stützen des Verdecks wären wie Zahnstocher gebrochen, und das Auto hätte uns zerquetscht. In diesen wenigen Sekunden scheint einem das Blut in den Adern zu stocken. Mir wurde eiskalt und kochendheiß zugleich. Aber zum Nachdenken gab es da keine Zeit. Alles ging so schnell! Man ist dem Schicksal ausgeliefert. Vor allem dann, wenn man selbst machtlos ist und nichts unternehmen kann. Zum Rausspringen war das Auto noch zu schnell. Zwischen dem Fahrerhaus und dem hinteren Gepäckraum, in dem ich saß, war ein Gitter. Ich konnte nichts tun, nur warten und mich schützend festhalten. „Rumms"! Ich sah unsere rechte Hinterachse samt Rad in einem weiten Bogen wegfliegen. Wir hatten einen großen Stein überfahren. Nun hatte unser Fahrer überhaupt keine Kontrolle mehr über das Auto. Nochmals „Rumms"! Ein dumpfer, tiefer, lauter Knall, Geächz, Gestöhne. Wir standen. Und ... wir lebten, Gott sei Dank. Mit der linken vorderen Ecke des Fahrzeuges hatten wir einen Baum gerammt. Meine Kisten waren total durcheinandergeworfen, sie hätten uns fast erschlagen. Das Verdeck war zerrissen, das Auto hatte einen Totalschaden. Unser Beifahrer und Führer Hans war nicht mehr im Auto. Emmanuel war eingeklemmt und deutete mir, daß er in Ordnung sei. Ich schaute sofort nach unserem Beifahrer. Mir rann Blut aus der Nase. Wie sich nachher herausstellte, war ich aber nicht ernsthaft

verletzt, sondern hatte nur Nasenbluten. Hans fand ich vor dem Auto. Er hatte durch die Wucht des Aufpralls die Windschutzscheibe durchschlagen und war in einem weiten Bogen aus dem Auto geschleudert worden. Nun lag er mit vielen Abschürfungen und Prellungen auf dem Boden. Zu allem Überfluß kamen auch noch jede Menge Afrikaner auf uns zu und standen um das Auto herum. Jeder wollte an einer anderen Stelle anfassen. Aber nicht nur, weil sie helfen wollten, sondern vor allem aus Neugier. So ein spektakulärer Unfall passiert hier nicht jeden Tag. Wir mußten nun aufpassen, daß nichts von unserem Gepäck abhanden kam. Emmanuel war immer noch eingeklemmt. Einer der Schwarzen half mir, das Dach des Autos aufzuschneiden, damit wir den Fahrer nach oben herausziehen konnten. Das Fahrerhaus war total beschädigt und Emmanuel vom Lenkrad eingeklemmt worden. Er hatte wahrlich Glück gehabt. Es hätte viel schlimmer kommen können. Er war nicht stark verletzt, er hatte nur einige Schnittwunden und Prellungen. Er konnte sogar mit einigen Schwarzen zur nächsten Polizeistation gehen. Ich blieb beim Wagen und paßte auf unser Gepäck auf. Die Batterie war aufgebrochen und Säure auf unserer Kleidung und auf dem Gepäck. Mir brannten deshalb auch die Augen. Warum mußte dies so kommen? Wir waren schon so nah am Ziel. Stundenlang dauerte das Polizeiverhör. Endlich ging es weiter, und wir luden unser gesamtes Gepäck in ein Matatu, so nennt man hier die Sammeltaxis, und fuhren die letzten Kilometer nach Entebbe, nahe Kampala. Komplett geschafft, ausgelaugt und schmutzig kamen wir im Hotel an und mußten uns erst einmal samt Kleidung unter die Dusche stellen, damit die Batteriesäure unsere Hosen nicht noch mehr zersetzte. Am nächsten Tag flogen wir zurück nach Mombasa in Kenia. Nach einem Check mit Röntgen im Hospital war ich froh, daß alles nur halb so schlimm war. Hans mußte die nächste Maschine nach Wien nehmen, er hatte schwerere Verletzungen erlitten und auch eine Blutvergiftung. Er lag noch einige Wochen in Wien im Spital.

Seiten 76/77:
Der Markt von Kabale bietet bunte Motive und versorgt die umliegende Provinz.

Seiten 78/79:
Flußpferde im Kazingakanal. Manchmal werden auch Fischer in ihren Einbäumen von diesen Tieren überrascht und geraten in „Seenot“.

Seiten 80–83:
Die Tierwelt Ostafrikas zählt zu den attraktivsten Sehenswürdigkeiten auf unserer Welt.

Seite 84:
Landschaft in Südwest-Uganda. In jeder dieser Hütten in dem kleinen Dorf lebt eine seiner Frauen, erzählt mir der alte Mann, und ist stolz auf „sein“ Dorf.

Seite 85:
Der Kronenkranich ist das Wappentier von Uganda.

Seite 86:
Nach einem Reifenplatzer prallte unser Geländewagen gegen einen Baum. Totalschaden kurz vor unserem Ziel. Gott sei Dank, wie durch ein Wunder passierte nur wenig.

Q79 VMR

Abenteuerfahrt zum Amboseli

Ich brauchte einige Tage, bis ich mich vom Schrecken des Unfalls erholt hatte. Ich blieb daher an der Diany-Beach bei Mombasa. Das ist ein richtiges Badeparadies, hier kann man sich entspannen. Für Touristen, die den tropischen Traumurlaub erleben wollen, gibt es gute Hotels mit Swimmingpools und viele Kilometer Strand. Hier traf ich ein deutsches Pärchen, Horst und seine Frau Nicole. Die beiden wollten auf Safari gehen und planten bereits ihren Trip in die Wildnis. Da wir ähnliche Interessen hatten und die beiden so richtig hautnah das Abenteuer Ostafrika erleben wollten, schlossen wir uns zusammen. Wir buchten bei einer kleinen Agentur vor Ort, die einem Österreicher gehört, zwei Safaris. Nachdem uns der Besitzer einen sehr günstigen Preis geboten hatte, und wir ihm vertrauten, beschlossen wir, eine Safari in den Shimba-Hills-Nationalpark und eine weitere in den Tsavo- und Amboseli-Park zu machen. Der Agenturbesitzer war aber, wie sich bald herausstellte, unser Vertrauen nicht wert. Er hatte wohl die schlechtesten Autos und Safarifahrer in ganz Kenia.

Früh am Morgen holte uns sein „zweitbester" Fahrer ab, da sein bester zu einer Hochzeit eingeladen war. Gleich nach den ersten Kilometern stellten wir fest, daß dieser Mann alles andere als intelligent war. Er verfuhr sich einige Male, bis wir endlich hinauf nach Shimba-Hills kamen. Dieser Park liegt zirka 1000 Meter höher als Mombasa. Es gibt hier einige Wildtiere, doch wir konnten nur wenige Giraffen und ein Nashorn sehen. Dann stellten wir fest, daß an unserem Wagen plötzlich die Bremsen nicht mehr funktionierten. Das Auto rollte rückwärts, der Fahrer pumpte wild am Pedal und konnte gerade noch gegen eine Böschung steuern, so daß nichts passierte. Er meinte, daß die Bremsen schon längere Zeit Probleme machten. Auch die Handbremse funktionierte nicht. Ich war verärgert. Wie konnte uns der freundliche Mann in der Agentur so ein Wrack als Auto zur Verfügung stellen, und noch dazu so einen Chauffeur? Ich stellte dann schnell fest, was passiert war. Einer der längst veralteten Bremsschläuche war undicht. Unser Fahrer ließ die Hydraulikflüssigkeit der Kupplung in eine Plastiktüte laufen und füllte sie dann in den Behälter der Bremsflüssigkeit ein. So konnten wir einige Kilometer fahren, bis die Flüssigkeit wieder ausgelaufen war. Mit diesem Defekt quäle er sich jeden Tag, erzählte er uns. So wie andere Leute Öl oder Wasser nachfüllen, goß er jeden Tag frische Bremsflüssigkeit nach, statt den Bremsschlauch zu erneuern! Nun hatten wir aber keine Flüssigkeit mehr, also auch keine Bremsen. Er wollte im ersten Gang nach Mombasa zurückfahren, um das Auto reparieren zu lassen. Daß wir dabei aber 1000 Höhenmeter auf einer steilen Straße bergab fahren mußten, war mir klar. Das kommt überhaupt nicht in Frage! Ich bin doch nicht lebensmüde! Mir saß der Schrecken des Unfalls noch zu tief in den Knochen. Ich fahre da nicht mit. Horst und Nicole waren meiner Meinung. So setzten wir uns beim Eingangstor des Nationalparks auf eine Bank und ließen diesen Leichtsinnigen alleine nach Mombasa fahren. Er wollte uns mit einem anderen Fahrzeug wieder holen.

Einen halben Tag warteten wir ohne Wasser und Proviant, in stechender Hitze. Endlich kam er wieder. Der Tag war natürlich gelaufen, unsere Safari konnten wir für heute vergessen.

Am nächsten Tag erhielten wir nach langen Diskussionen mit der Agentur einen anderen Jeep. Wie sich nach den ersten Kilometern herausstellte, war dieser Landrover nicht viel besser als der von gestern. Wieder hatten wir den gleichen Fahrer. Bereits nach fünf Kilometern gab es Fehlzündungen, und der Motor starb andauernd ab. Wir kehrten also wieder um und mußten, weil es noch zu früh am Morgen war, lange auf den Mechaniker dieser Firma warten. Das war ein vielleicht fünfzehnjähriger Schwarzer. Er war sehr geschickt und fand sofort den Fehler, nämlich einen defekten Kondensator. Als der Wagen wieder lief, machten wir uns abermals auf den Weg Richtung Tsavo-Park.

Der Fahrstil unseres Chauffeurs lehrte uns das Fürchten. Er überholte grundsätzlich nur dort, wo es am gefährlichsten war: vor unübersichtlichen Bergkuppen. Dort, wo er schnell hätte fahren können, ließ er sich umgekehrt wieder Zeit. Nicole trank den letzten Rest aus ihrer Zwei-Liter-Cola-Plastikflasche. Jetzt hatte ich eine Idee. Ich nahm diese Flasche und machte unserem Fahrer klar, daß ich ihm damit kräftig auf den Kopf schlagen würde, wenn er noch mal auf solch gefährliche Art zum Überholen ansetzte und dabei unser Leben riskierte. Das verstand er. Jedesmal, wenn er überholen wollte, schaute er über den Rückspiegel zu mir, und ich gab ihm zu verstehen, ob er überholen dürfe oder nicht. Das funktionierte soweit ganz gut.

Beim Eingangstor des Parks stieg ein mit einer Maschinenpistole bewaffneter Wächter zu uns in den Jeep, um uns zu begleiten. Der Tsavo-Park besteht aus zwei Teilen, dem Ost- und dem Westpark. Die Straße von Mombasa nach Nairobi gilt als Grenze zwischen den beiden Parks. Unser Ziel war aber eigentlich der Amboseli-Park. Um dorthin zu gelangen, mußten wir durch den Tsavo-Westpark, dann nach Loitokitok und zu unserer Lodge, die irgendwo vor dem Park lag, fahren.

Die Fahrt durch den Tsavo-Park zeigte uns Afrika wieder von einer anderen Seite, und wir konnten trotz der Ungeschicklichkeit unseres Freundes am Steuer einige gute Tieraufnahmen machen. Meistens fuhr er viel zu schnell an die Tiere heran. Er überfuhr die Fluchtdistanz der Tiere, die klarerweise das Weite suchten und nur eine Staubwolke zurückließen. Wir konnten unserem Fahrer nicht beibringen, wie er fahren sollte. Er verstand es einfach nicht oder wollte es nicht verstehen. Wenn Sie während einer Safari in der Wildnis gute Bilder machen wollen, dann ist es unbedingt wichtig, daß die Kommunikation zwischen Fotograf und Fahrer funktioniert. Daß der, der am Steuer sitzt, auch Erfahrung hat, und weiß, wo und wie er das Auto bewegt. Sonst ärgert man sich nur, und der Erfolg bleibt aus.

Im Tsavo-Park dominiert roter Sand. Dieser färbt auch die Wildtiere rötlich und gibt dem Park seine spezielle

Note. Die Zebras, Giraffen und Elefanten, alle sind rot gefärbt. Auch in unserem Gepäck fanden wir diesen roten Staub wieder.

Was mich hier besonders faszinierte, waren die Bauten der Termiten. Diese fleißigen Ameisen bauen ihre Türme oft meterhoch in die Landschaft. Viele verschiedene Bauformen und Strukturen sahen wir hier in der Steppe. Beachtlich, was die Natur zu bieten hat!

Nach einem anstrengenden Tag im Tsavo-Park nahmen wir nun Kurs auf den Amboseli-Park. Viele Kilometer ging es durch Steppe, dann durch Vulkanlandschaften. Oft war es schwierig, über die scharfkantigen Lavasteine zu fahren. Es dämmerte und wurde rasch dunkel. Ich wußte nicht, wo unser nächtliches Camp lag und wie weit es noch bis dorthin war. Unser Fahrer wußte es anscheinend auch nicht. Er sagte immer, wir wären gleich da und war schon ziemlich ungehalten und nervös.

Es war bereits stockdunkel. Wir fuhren in einen dichten Wald hinein. Weil hier wilde Tiere leben, waren noch zwei Wildhüter mit ihren Gewehren zu uns ins Auto gestiegen. Leider sprachen beide kein Wort Englisch, nur Suaheli. Wir erkundigten uns mit Zeichensprache, ob sie wüßten, wo denn unser Camp sei. Sie verstanden uns nicht und lachten nur. Ich war schon etwas verängstigt, da ich glaubte, daß unser Fahrer nun absolut die Orientierung verloren hätte. Im Wald sah alles gleich aus, und soweit wir sehen konnten, gab es nur Bäume und Dunkelheit, kein Licht, nichts.

Es war bereits 22 Uhr. Vor Sonnenuntergang hätten wir in unserem Camp ankommen sollen. Langsam aber sicher stiegen die Angstgefühle. Alleine mitten im Wald!

Plötzlich fiel der Motor aus, das Auto stand. „Was ist los?“ fragte ich unseren Fahrer. Der gab mir keine Antwort. „Wahrscheinlich ist ihm das Benzin ausgegangen“, meinte Horst. Aber das hätte anders geklungen. Ich bildete mir ein, unser Fahrer habe den Motor absichtlich abgestellt und täte so, als hätten wir eine Panne. Das Auto hatte zwei Tanks, die man umschalten konnte, davon war einer leck, also außer Betrieb. Von den beiden Reservekanistern hatte einer ein Loch, den anderen entleerte unser Fahrer jetzt in den Tank. Hoffentlich war es wirklich nur ein leerer Tank gewesen, denn ich hatte keine Lust, hier im Wald im Auto zu übernachten, weitab von jeder Zivilisation, ungeschützt vor wilden Tieren und vor Überfällen. „Also geht es jetzt endlich weiter?“ Der Motor sprang nicht an. Vergeblich versuchte unser Chauffeur ihn anzulassen. Er montierte den Luftfilter ab, schraubte am Vergaser herum und zog einige Kabel und Schläuche ab. Nichts ging. Verdammt! Mitten im Wald, ohne Hilfe! Ich probierte es selbst, den Motor wieder in Bewegung zu setzen, da unser Fahrer keine Ahnung zu haben schien, was er da eigentlich tat. Horst half mir. Aber der Motor wollte nicht anspringen. „Was hat dieser Idiot denn nur getan?“ fluchte ich. „Das Auto hat keine Spannung, also keine Zündung.“ Mir kamen in diesem Moment nur böse Gedanken. „Weißt du, was der gemacht hat, Horst?“ „Nee, keine Ahnung.“ „Ich sag’ dir, was hier gespielt wird: Die wollen uns eine Panne vorspielen, um uns aus dem Auto zu locken, uns hier im Wald zurückzulassen und unser Gepäck zu stehlen. Wofür sind denn die beiden Schwarzen mit den Gewehren gut? Die gehören wahrscheinlich dazu. Hast du gesehen, wie unser Fahrer in der Gegend herumgefahren ist? Wir sind ja gar nicht mehr auf unserer Route. Die spielen uns doch sicher etwas vor." „Ja, du hast recht."

Ich schickte unseren Fahrer zum Camp, um Hilfe zu holen. Er wollte nicht, hatte wahrscheinlich die Hosen voll, denn hier im Wald gab es wilde Tiere. „Du hast gesagt, es ist nicht weit bis zum Camp. Also geh sofort los und hol Hilfe!" Der Fahrer ging mißmutig und verängstigt die schmale Straße weiter. Ich baute die Teile des Motors wieder zusammen, die unser Fahrer auseinandergenommen hatte und suchte nach einem abgerissenen Kabel. Das Auto sprang noch immer nicht an. „Wenn wir noch einige Male zu starten probieren, ist die Batterie leer." „Versucht doch mal die Schalter hier", meldete sich Nicole, „ich habe gesehen, wie der Fahrer, kurz bevor der Motor abgestorben ist, hier herumgedrückt hat." Das Auto hatte viele Schalter auf dem Armaturenbrett, von denen die meisten wahrscheinlich gar keine Funktion hatten. Während ich den Motor erneut zu starten versuchte, drückte ich auf einige Schalter. Plötzlich sprang der Motor tatsächlich wieder an. „Also doch. Der Fahrer hat das absichtlich gemacht." Wir bekamen es nun so richtig mit der Angst zu tun. Unsere Vermutung dürfte stimmen. Ich fuhr das Auto selbst weiter in die Richtung, die mir einer der beiden schwarzen Begleiter zeigte. Es war ungewohnt für mich, ein rechtsgesteuertes Auto zu lenken, das noch dazu eine halbe Lenkradumdrehung Totgang hatte. Auch das Gelände war extrem schwierig zu fahren, viele Schlaglöcher und Lavagestein. Das Licht war nicht viel besser als das einer Taschenlampe. Horst saß nun neben mir und half mir, den Weg zu finden. Wo waren wir da hineingeraten? Hoffentlich kommt bald die Lodge! „Wie weit ist es noch?" Die beiden Mitfahrer hatten keine Ahnung. „Oh Mann, gleich werde ich verrückt! Wenn wir jemals wieder nach Mombasa kommen, kann der Autovermieter etwas erleben, das schwöre ich dir!"

Endlich kamen wir beim Camp an. Die beiden Engländerinnen, die das Camp leiteten, waren schon besorgt um uns gewesen, wir hätten viel früher eintreffen sollen. Wir erzählten von unserer Fahrt und von den Problemen mit unserem Fahrer. Die beiden waren sehr nett und beruhigten uns. Alles war nun o. k. „Ihr könnt morgen mit uns und unserem Jeep auf Safari gehen, kein Problem." Das Angebot nahmen wir natürlich an, und die Safari mit den beiden Engländerinnen war ein voller Erfolg.

Anschließend stellte sich alles als Mißverständnis heraus. Unser Fahrer hatte eigentlich nichts Böses tun wollen, sondern lediglich an den Schaltern gespielt und dabei unabsichtlich einen Kurzschluß verursacht. „Er hat seine Sünden bereits abgebüßt", meinten unsere Gastgeberinnen, „denn hier im Wald ist es nicht ungefährlich." Also saßen wir alle beisammen, tranken Tee und konnten wieder lachen.

Der Amboseli-Park liegt sehr nahe am Kilimanjaro. Von hier aus hat man eine gute Szenerie für Kilimanjaro-Fotos. Das typische Amboseli-Park-Foto sahen wir natürlich auch: Im Vordergrund Giraffen, Elefanten und auch die Rinderherden der Massai, im Hintergrund den höchsten Berg Afrikas. Wir hatten nur zwei Tage Zeit und genossen die Safari. Die beiden Engländerinnen besaßen einen ganz neuen Landrover, der bestens geeignet war, um Wildtierfotografie vor Ort zu betreiben. Dazu konnten wir das Dach öffnen und ich das Stativ im Auto aufstellen. Für den Amboseli-Park sollte der Afrikabesucher aber mehr Zeit einplanen, denn es gibt einiges zu sehen.

Nicole hatte hier im Camp ein Abenteuer ganz besonderer Art: Aufgeregt kam sie kurz vor dem Abendessen und wollte mir eine Schlange zeigen: „Da drüben im Gebüsch ist sie. Sie hat mir auf meine Jacke gespuckt." „Was hat sie, bist du sicher?" „Ja." „Du hattest großes Glück, denn das war eine Speikobra! Sei froh, daß dir nichts passiert ist." Ich las ihr aus meinem Reiseführer vor: „In Ostafrika leben fünf Arten der echten Kobra und zwei nahverwandte Gattungen. Drei der echten Kobras können ihr Gift über eine beachtliche Entfernung direkt in das Auge ihres Gegners speien. Wenn das Auge schnellstens ausgespült wird, erleidet man lediglich starke Schmerzen. Wenn man dies unterläßt, kann allerdings dauerhafter Schaden entstehen. Ein Biß einer solchen Giftschlange kann in einigen Fällen innerhalb einer halben Stunde tödlich wirken."

Wir mußten wieder nach Mombasa zurück, weil wir noch einige andere Afrika-Highlights auf unserem Plan hatten, und die Zeit drängte. Die Rückfahrt gestaltete sich nicht weniger abenteuerlich. So mußte ich zum Beispiel einige Male mit meinem Taschenmesser das Auto reparieren. Der Unterbrecherkontakt machte dreimal täglich Probleme. Zweimal ging uns das Benzin aus, dadurch versäumten wir um fünf Minuten den Zug nach Nairobi und verloren einen ganzen Tag. Der Gipfel der Dummheit unseres Fahrers kam aber erst eine Stunde vor unserem Ziel. Er wollte, obwohl es schon dunkel geworden war, kein Licht einschalten. Er war der Meinung, er sei der Fahrer und bestimme selbst, wann das Licht eingeschaltet werde. Er fuhr dadurch fast eine Polizeisperre über den Haufen. Erst nachdem wir ihm wieder mit der Plastikflasche gedroht hatten, war er mißmutig bereit, das Licht einzuschalten.

Ich darf Ihnen an dieser Stelle sagen, daß es nicht normal ist, solch einen Safarifahrer zu haben. Sparen Sie nicht wie wir damals am falschen Platz. Gute Afrika-Safari-Firmen haben sehr gut geschultes Personal und auch gut gewartete Fahrzeuge. Dies habe ich bei meiner letzten Reise nach Ostafrika feststellen können, bei der wir gemeinam mit dem ASC (African Safari Club) gereist sind. Allerdings erleben Sie bei professionellen Firmen nicht solche spannenden Autoabenteuer, wie in diesem Kapitel beschrieben.

Seiten 92/93:
Wir sind zu Gast in einem Massaidorf in Kenia. Die Kuhhirten der Nation sind ein stolzes Kriegervolk, vor dem auch Löwen den nötigen Respekt haben.

Seite 94:
Schirmakazie im Tsavo-Nationalpark, Kenia.

Massailand

Die Massai Mara und die Serengeti sind die wichtigsten Nationalparks für jemanden, der Wildtierfotografie vor Ort in Ostafrika betreiben will. Genau hier wurde ein Begriff geprägt: das Wort „Safari“, es bedeutet „Reisen“. Egal ob Sie mit dem Flugzeug, dem Ballon, einem Jeep oder auf dem Drahtesel unterwegs sind, sie sind hier in Ostafrika immer auf Safari.

Tiere in freier Wildbahn zu beobachten, ist ein unvergleichliches Erlebnis. Die Nationalparks, vor allem die Massai Mara, bieten die denkbar beste Bühne dafür.

Die Massai Mara wurde 1961 eingerichtet und umfaßt 1800 Quadratkilometer. Sie ist der typische Schauplatz des Konfliktes zwischen Mensch und Natur im Afrika von heute. Sie ist die größte Wildtiermigration in Ostafrika. Mara bedeutet in der Maa-Sprache „buntes Durcheinander“, und das treffen Sie heute noch in der Massai Mara an.

Im Ökosystem Serengeti-Massai Mara finden wir unter anderem eineinhalb Millionen Gnus, 240 000 Gazellen, 200 000 Zebras, 20 000 Büffel, 10 000 Antilopen, 8000 Giraffen, 3000 Löwen und 500 Elefanten.
500 Elefanten! Ist das nicht ein bißchen wenig? Früher gab es in ganz Afrika Elefanten, heute nur mehr in einem Fünftel des Kontinents. Der einzige Feind des Elefanten heißt Mensch.
Wilderer haben in Ostafrika Elefanten um sage und schreibe 90 Prozent dezimiert. Die Wissenschaftler warnten uns und sagten: „Wenn der Handel mit dem Elfenbein nicht sofort eingestellt wird, wird es im Jahr 2000 keine Elefanten mehr geben!“ Zum Glück haben einige wichtige Leute die Problematik erkannt und die Notbremse gezogen. Ich denke, daß der Elfenbeinhandel nun so weit reduziert ist, daß die Tiere eine Überlebenschance haben.

Aber nicht nur die Elefanten, auch andere Tiere waren oder sind noch vom Aussterben bedroht, zum Beispiel das Nashorn. 1970 gab es noch zirka 20 000 Exemplare. Vor einigen Jahren zählte man nur mehr 500. Heute ist man stolz, daß man dem Safaritouristen gerade noch vier Nashörner zeigen kann. Sie wurden aus Südafrika hierhergebracht.

Ich bin auf Einladung des ASC (African Safari Club) mit einem Buschflugzeug von Mombasa unterwegs zur Massai Mara. Wir fliegen im Tiefflug über die Wildnis. Ich sitze auf dem Sitz des Copiloten und darf von hier aus spektakuläre Fotos schießen. Da vorne liegt bereits die Landebahn! Aber was ist da los? Auf der Piste stehen Hunderte von Gnus, Zebras und Gazellen! Wie sollen wir denn da jemals heil landen? Unmöglich! Mir läuft es kalt über den Rücken, doch für den Piloten ist die Situation normal. Er lacht nur und setzt bereits zur Landung an. „What’s about these animals here?“ „That’s no problem.“ Er rast in nur einigen Metern Höhe über den Köpfen der Tiere hinweg, die die Landebahn blockieren, und startet durch. Nach einer Schleife sehen wir wieder hinunter. Die Herden sind bereits auf der Flucht und lassen eine Staubwolke hinter sich zurück. So, jetzt können wir normal landen. Der Safarijeep erwartet uns bereits, und es geht ins Mara Buffalo Camp. Nach einer kurzen Begrüßung mit

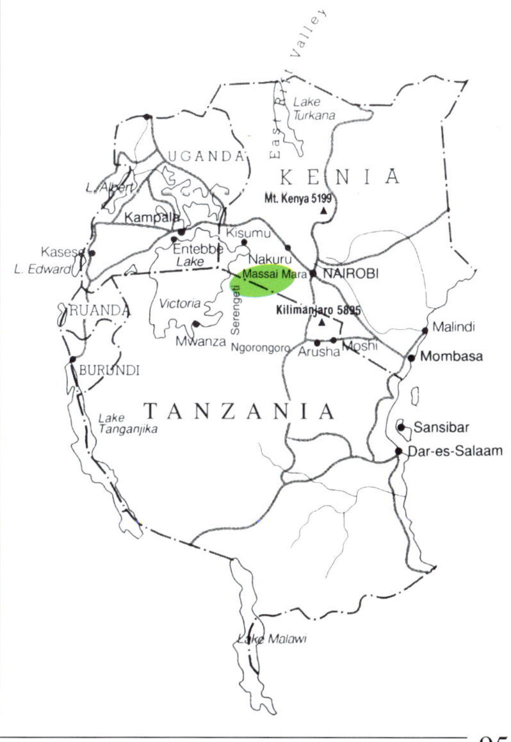

Tee machen wir eine Rundfahrt in der Steppe und bekommen auch tatsächlich einige Geparde vor die Kamera.

Geparde sind schlanke, muskulöse Katzen, die 40 bis 60 Kilo wiegen, und kurze Strecken bis zu 95 km/h schnell laufen können. Damit sind sie die schnellsten Raubkatzen. Wenn sie ihre Beute nicht gleich erwischen, haben sie nur wenig Chancen, ihre Kraft läßt rasch nach, und sie werden schnell müde. Wir haben Glück, und ich kann eine Gepardenfamilie fotografieren. Die Jungen sind noch verspielt und tollen herum. Die Gepardin paßt auf und weist ihren Nachwuchs hin und wieder zurecht. Plötzlich kommt eine Gazelle, sie spitzt die Ohren. Nach einem kurzen Angriff muß sie aber feststellen, daß die Gazelle zu schnell ist. Etwas erschöpft kehrt sie wieder zur Familie zurück und keucht.

Weiter draußen flüstert unser Fahrer Richard: „Simba." „Wo?" Er hat recht. Unter einem Baum liegt unser erster Löwe. Aber er kümmert sich überhaupt nicht um uns. Er schläft. Oder zumindest tut er so, denn mit einem Auge hat er uns bereits wahrgenommen. Wir warten gespannt, doch er ist müde. Solche Löwenbilder sind nicht zu gebrauchen. Wenn Sie von Afrika träumen und Ihren Urlaub planen, dann hoffen Sie sicher, spektakuläre Löwenbilder mit nach Hause zu bringen.

Wenn wir Löwen oder andere Tiere in der Wildnis fotografieren wollen, dann sollten wir nicht die Geduld verlieren. Das heißt, daß ich erstens die Tiere nicht nur einmal besuche. Das heißt zweitens, daß ich frühmorgens, am besten bereits vor Sonnenaufgang, unterwegs bin, und drittens, daß ich die Tiere in Action fotografiere. Also am besten den Löwen bei der Jagd, den Büffel, wenn er angreift, das Nilpferd, wenn es sein Maul aufreißt und gähnt, den Seeadler, wenn er einen Fisch aus dem Fluß holt und so weiter. Ich weiß aus Erfahrung, daß fade Tierbilder zu Hause sofort in den Müll wandern. Aber wer hat schon das Glück, daß ausgerechnet in dem Moment, in dem er mit der Kamera schußbereit lauert, ein Löwe zehn Meter vor dem Jeep ein Tier reißt? Das ist fast aussichtslos und unwahrscheinlich. Also geben wir auf und fahren zum nächsten Afrika-Highlight? Nein! Ich sage: Geduld und Ausdauer. Natürlich gehört eine gewaltige Portion Glück dazu, gerade am richtigen Ort zum richtigen Zeitpunkt zu stehen. Etwas Insiderwissen und ein erfahrener Safarifahrer sind für so ein Vorhaben von entscheidender Bedeutung, 08/15-Löwenbilder oder spektakuläre Action-Fotos mit nach Hause zu bringen.

Ich bin selbst schon etwas verbittert, denn nun bin ich schon zwei Tage hier unterwegs und habe noch kein großartiges Glück gehabt. Also nochmals hinaus in die Wildnis und zwar vor Sonnenaufgang. Müde und fröstelnd sitze ich im Jeep, es ist kalt in 1700 Meter Höhe in der Massai Mara. Aber bald wird die Sonne kommen, und die Temperatur wird rasch steigen. Schon haben wir eine Löwin mit ihren Jungen gefunden. Aber die tun nichts. Die liegen wieder nur faul herum. Die Sonne geht auf und wärmt mich etwas. Plötzlich tippt mir Richard auf die Schulter und deutet zum Horizont. Auch die Löwin schaut in die gleiche Richtung.

Eine Büffelkuh mit ihrem Kalb geht unbeschwert Richtung Westen. Sie gehen gegen den Wind. Ein tödlicher Fehler, denn sie können die Löwen nicht riechen. Die Löwin hat Hunger und nützt hoffentlich die Gelegenheit, damit ich zu guten Fotos komme. In dem Augenblick springt sie bereits auf und läuft auf leisen Pfoten und mit erhobenem Schwanz in Richtung der Büffel. Das ist unser Glückstag. Los, hinterher! Meinen Safarifahrer kann man nicht mit Gold aufwiegen! Mit 60 km/h fahren wir durch die Steppe. Die Löwin wird immer schneller. Ich weiß, was jetzt kommt, und damit ich schußbereit bin, kurble ich schnell alle Filme zurück und lege neue ein. Es ist nichts schlimmer, als wenn im rechten Moment der Film zu Ende geht. Wir fahren diesmal in einem Land-Cruiser mit aufgeklapptem Dach. Mit dem linken Arm umklammere ich eine Verstrebung des Wagens, damit ich nicht das Gleichgewicht verliere. Mit dem linken Bein halte ich mein Stativ fest, das im Auto steht und auf das ich das 350-mm-Telyt montiert habe. Ich habe drei Leicas umhängen. Blitzschnell wechsle ich mit der rechten Hand in allen Gehäusen die Filme, immer mit einem Auge bei der Löwin. Gleich kann es losgehen. Es muß alles ganz schnell gehen, denn die Löwin greift an. Es ist wichtig, daß in so einer Extremsituation jeder Handgriff sitzt und der Film eingelegt wird, ohne daß Sand oder Staub in die Kamera kommen. Leicht gesagt bei der Raserei und der Staubwolke, die wir nachziehen. Ein Sandkorn würde einen ganzen Film unbrauchbar machen! Wir sind nur mehr 20 Meter von der Löwin entfernt. Die läßt sich nicht beim Angriff stören. Auch die Büffelkuh hat schon gemerkt, daß sie gejagt wird und läuft davon. Noch schneller geht es hinterher. Wir holen auf. „Paß nur ja auf, daß du mir die Löwin nicht verjagst!“ „Yes, Sir, no problem.“ „Weiter nach links!“ „O. k.“ Wir haben einen guten Fotowinkel, und schon springt die Löwin das Büffeljunge an. Es ist verwundet und blutet und schreit um Hilfe. Die Kuh greift die Löwin an. Ein einzelner Löwe hat gegenüber einem Büffel absolut keine Chance. Ein Büffel ist viel stärker, das weiß auch die Löwin. Jetzt kommt er endlich, der König der Wildnis: Der Löwe höchstpersönlich. Er hilft seiner Gefährtin. Beide attackieren mit wildem Gebrüll die Büffelkuh. Der Löwe beißt sich hinten fest, die Löwin am Hals. Die Kuh kann sich nicht mehr auf den Beinen halten. Alle drei liegen sie nun auf dem Boden. Wir sind mit unserem Auto nur zehn Meter daneben, und mein Winder ist bereits mit dem ersten Film fertig. Keine Zeit zum Filmwechsel. Also nehme ich die nächste Kamera. Wir fahren rund um die Szenerie. Die Löwen lassen sich überhaupt nicht stören, sie ignorieren uns einfach. Ich mache meine Löwen-Action-Fotos und bin überglücklich. So eine Situation habe ich zwar erhofft, aber nicht im Traum erwartet. Machen Sie in so einer Situation ja nicht den Fehler, aus dem Auto auszusteigen. Das kann tödlich sein! Solange Sie im Auto sitzen, können Sie einen Meter neben dem Löwen sein, er tut Ihnen nichts. Die Tiere kommen manchmal bis zum Auto, man könnte sie theoretisch streicheln. Aber wahrscheinlich nur einmal.

Nach einer halben Stunde ist alles vorbei. Die Löwen haben wieder Frischfleisch. Das Büffeljunge lebt noch. Jetzt holt die

Löwin ihre Jungen, sie müssen lernen, wie und wo man am besten zubeißt. Diese Demonstration der Löwin dauert wieder eine halbe Stunde, eine Qual bis auch das Büffeljunge stirbt. Diese Tiertragödie spielt sich jeden Tag Dutzende Male ab. Man muß nur zur richtigen Zeit am richtigen Ort sein, um zu fotografieren.

Jetzt ist in der Wildnis der Frieden wieder eingekehrt. Die Büffel sind tot, die Löwen zufrieden, ich bin total staubig und verschwitzt, habe meine Filme verschossen, und wir haben nun auch so richtig Hunger bekommen. Also fahren wir zurück zur Lodge zum Frühstück und erzählen den anderen, die im warmen Bett geblieben sind und so früh nicht mitkommen wollten, welches Fotoglück wir bereits hatten.

Wenn einem das Glück hold ist, dann dauert das meistens den ganzen Tag an. Nach einem ausgiebigen Frühstück fahren wir Richtung Süden, querfeldein durch die Steppe. Es ist Anfang September. Unser Ziel sind Gnuherden, oder besser gesagt: „die Wanderung der Gnus" zu fotografieren. Nirgendwo anders auf unserer Welt gibt es solch gewaltige Ansammlungen von Großtieren als hier. In der Serengeti ist jetzt Trockenzeit, und so kommen die Gnus in einer spektakulären Wanderung hierher in die Massai Mara. Sie sind auf der Suche nach Grünfutter. Die Tiere wandern von Tanzania (Serengeti) hinüber nach Kenia (Massai Mara). Mehr als eine Million Tiere kommen über die Grenze. Begleitet werden die Gnus von Zebras, Antilopen und Gazellen. Haben Sie einen guten Lenker, der seine Steppe kennt wie seine Westentasche, ist das schon die beste Voraussetzung für gute Bilder. Wir fahren bis zum Mara-Fluß. Hierher müssen die Gnus kommen.

Endlich steigen am Horizont einige Staubwolken auf. „Das dürften sie sein, die Gnus", meint unser Guide. Wie die Lemminge wandern diese Tiere, eines hinter dem anderen. Der Instinkt, in der Massai Mara Futter zu suchen, ist so stark ausgeprägt, daß die Tiere auch durch einen nicht allzu tiefen See wandern würden, wenn der auf ihrem Weg liegt. Schnurgerade marschieren sie Richtung Norden.

Hier am Mara-Fluß stehen wir auf einer Anhöhe. Wir haben einen guten Überblick und auch einen exzellenten Fotostandpunkt. Auch die andere Seite des Flusses hat ein Steilufer. Die Tiere müssen dort hinunter, durch den Fluß und herüben wieder herauf. Wie soll das gehen?

Wir warten geduldig. Die Staubwolke kommt immer näher. Mit dem Fernglas kann ich schon bald einige Gnus ausmachen. „Wir haben Glück heute, sagenhaft", freue ich mich. Mein Begleiter lacht und meint, so ein Glück habe er selbst auch noch nie gehabt. Die Löwenjagd war eine der besten, die er selbst erlebt hat, und jetzt kommen auch noch die Gnus wie herbestellt. Das Timing stimmt exakt.

Nach einer halben Stunde ist es endlich soweit. Das erste Gnu bleibt am Abhang stehen, es dürfte das Leittier sein. Alle anderen bleiben dahinter. Das Tier hat sich nicht gerade die leichteste Stelle ausgesucht, um den Fluß zu überqueren. Ich stelle meine Kameras ein. Es kann jeden Moment losgehen.

Jetzt! Das Leittier springt mit einem Satz auf halsbrecherische Art und Weise die steile Böschung hinunter, alle anderen hinterher. Ich habe zwei Kameras auf Stativen eingerichtet. Auf mein Kommando drückt mein Helfer die beiden Auslöser mit Hilfe einer Kabelfernbedienung. Ich selbst bediene eine dritte Kamera, die ich mittels einer Schulterstütze wie ein Gewehr verwende. Drei Leicas mit unterschiedlichen Brennweiten von 180, 350 und 560 mm klicken gleichzeitig los, und in weniger als einer Minute sind drei Filme belichtet. „Wir können gleich weiter zum nächsten Fotostandpunkt, damit wir die Szene auch aus einem anderen Winkel sehen. Schnell, pack die Stative ins Auto, die Filme wechsle ich während der Fahrt, beeil dich!"

Die Gnus stürzen sich Hals über Kopf den Abhang hinunter, viele brechen sich dabei die Beine und das Genick und bleiben unten regungslos liegen. Diejenigen, die heil unten ankommen, stürzen sich in die kalten Fluten des Mara-River. Einige ertrinken, die meisten kommen ziemlich erschöpft ans andere Ufer. Das ist wahrscheinlich die schwierigste Passage dieser Wanderung und für uns die spektakulärste und interessanteste Stelle, um dies auf Fotos festzuhalten.

In der Massai Mara befinden wir uns im Massailand und treffen ein bekanntes Nomadenvolk der Steppe: die Massai.
Sie sind stolze Krieger und leben in der Wildnis mit und von ihren Rindern. Die Massai stellen ein Prozent der Gesamtbevölkerung dar. Die Massaikrieger drangen oft in fremde Gebiete ein und nahmen Frauen und Rinder mit. Das gefiel den Engländern in der Kolonialzeit ganz und gar nicht. Es wurden Verträge ausgehandelt, und die Massai durften nur in Südwestkenia leben.
Ihre Söhne werden nach der Pubertät beschnitten. Nun gehören sie zu den „Moran", den jungen Kriegern, und dürfen im Haus der Eltern keine Milch mehr trinken und kein Fleisch mehr essen. Sie müssen den Umgang mit dem Speer üben und auf Löwenjagd gehen. Es gehört zur Pflicht und Mutprobe dieses Volkes, daß der junge Krieger einen Löwen tötet. Das ist auch der Grund, warum Löwen Angst vor den Massai haben. Sieht ein Löwe einen Massai kommen, läuft er weg. Den Massai ist in der „jungen Kriegerzeit" die „freie Liebe" erlaubt. Ab dem 20. Lebensjahr gehören die Burschen zu den „älteren Kriegern", und am Ende der Kriegerzeit, mit zirka 30 Jahren, dürfen sie sich ein Mädchen zur Frau nehmen. Ab diesem Zeitpunkt arbeitet ein Massaimann nicht mehr.
Die Massai schmücken sich gerne, sind sehr stolz und überheblich. Warum? Am Anfang schuf Gott die Massai und dann die Rinder, damit die Massai etwas zum Leben haben. Sie sind das auserwählte Volk Gottes. So glauben es zumindest die Massai.
Auf diesem Glauben begründet sich das Besitzrecht auf alle Rinderherden. Viehdiebstahl ist Pflicht für die Massaikrieger. Denn wenn ein anderer Rinder besitzt, dann muß er sie ja zwangsläufig irgendwann einmal den Massai gestohlen haben.

Seiten 100/101:
In der Massai Mara bricht der Tag an. Meiner Meinung nach das beste Wildtierparadies auf Erden.

Seiten 102–109:
Wildlife in der Massai Mara, Kenia.

Seiten 110–112:
In Mombasa leben verschiedene Weltreligionen friedlich nebeneinander.

Seite 114:
Die Ugandabahn verbindet Mombasa mit Nairobi. Sie müssen eine ganze Nacht für die langsame Fahrt kalkulieren, reisen aber in altem britischem Stil.

Seite 115:
Landschaft im Rift Valley, dem ostafrikanischen Grabenbruch. Der Bogoriasee ist mit seinen Springquellen ein beliebtes Ausflugsziel für Schulen.

Seiten 116/117:
Flamingos am Nakurusee.

Die Engländer trieben einst Handel mit Uganda, und brauchten einen Verkehrsweg zum Meer. Sie bauten um die Jahrhundertwende eine Bahnlinie, die Mombasa über Nairobi mit Uganda verbindet. Nairobi entstand erst durch diesen Bahnbau. Auf der halben Strecke zwischen Mombasa und Kisumu hatte man ein Materiallager errichtet. Dieses wuchs und wurde immer größer, es wurde zur Stadt. Und diese Stadt wiederum wuchs und wurde 1905 zur Hauptstadt Britisch-Ostafrikas. Heute heißt sie Nairobi.

Ganz in englischem Stil können Sie heute noch von Mombasa mit der Ugandabahn nach Nairobi fahren. Sie sitzen im Speisewaggon und bekommen ihr Dinner, selbstverständlich mit Silberbesteck und Tee (ist im Ticket enthalten). Very British. Die Bahnfahrt geht nur langsam vor sich, denn in der Nacht können Wildtiere die Gleise blockieren. Aber das macht nichts, die Reise im Schlafwagen dauert die ganze Nacht.

Von Nairobi aus habe ich mir eine Safari ins Rift Valley organisiert. Der Ostafrikanische Grabenbruch gehört neben den Nationalparks mit Sicherheit zu den interessantesten Sehenswürdigkeiten, die Kenia zu bieten hat. Bis zu 700 Meter steil abfallende Abbruchkanten, die fast senkrecht sind, kann man hier erleben. In der Talsohle haben sich größere oder kleinere Seen gebildet. In jüngerer Erdzeit sind in Ostafrika aufgrund tektonischer Verschiebungen Risse und Spalten entstanden. Dies ergibt den sehr eindrucksvollen Ostafrikanischen Grabenbruch, der vom Jordan bis nach Moçambique reicht. Verbindet man nun alle Seen, wie Turkanasee, Baringosee, Bogoriasee, Nakurusee, Naivashasee, Magadisee usw., dann hat man bereits das Rift Valley in der Afrikakarte eingezeichnet.

Der Nakurusee ist seit 1961 ein Vogelschutzgebiet. Nirgendwo auf der ganzen Welt kann man mehr Flamingos antreffen als hier. Der Nakurusee ist mit über 400 Vogelarten ein wahres Paradies für Vogelkundler.

Am Bogoriasee gibt es Geysire und Springquellen, die in einer sehr reizvollen Landschaft liegen. Als ich so dastand und überlegte, wie ich die Springquellen am besten ins Bild setzen könnte, kam ein Bus mit einer Mädchenklasse an. Einige der Mädchen waren so nett und stellten sich vor die Springquellen. Die roten Schuluniformen machten sich ganz gut in der Landschaft. Schuluniformen gibt es nicht nur hier in Afrika, wir kennen sie auch von anderen Kontinenten. Sie haben unter anderem den Zweck, daß man zumindest in der Schule die Klassenunterschiede der Familien nicht erkennen soll.

Auch die Wiege der Menschheit vermutet man hier in Afrika, genauer in Oldupai, nahe dem Ngorongoro Krater. Man fand Knochen, Schädel und Skelette. Eine Kombination aus Vulkanasche und Regen konservierte Fußabdrücke aus der Zeit vor 3,5 Millionen Jahren. Viele Rätsel sind noch nicht gelöst. Die Funde von Oldupai sind aber ein Meilenstein der Ur- und Frühgeschichtsforschung des Menschen.

Rift Valley

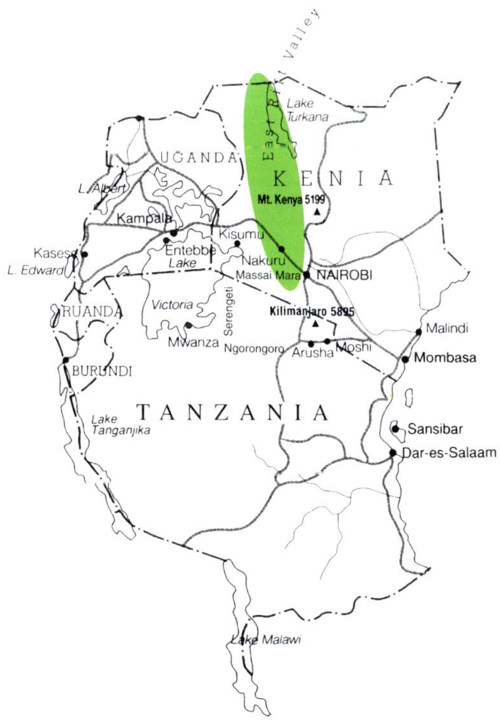

Sudan
Äthiopien
Somalia
Kenya
Uganda
Rwanda
Burundi
Tanzania
Zaire
Zambia
Malawi
Moçambique
Juba
Kidepo
Sibiloi
Lake Turkana
Mandera
Moyale
El Wak
Kitgum
Lodwar
Loyangalani
Arua
Gulu
Moroto
Pakwach
Marsabit
Kabalega Falls
Karuma
Lira
Lake Kyoga
Lake Albert
Masindi
Soroti
Wajir
Mt. Elgon 4322 m
Mbale
Kitale
Maralal
Samburu Buffalo Springs
Tororo
Fort Portal
Ruwenzori 5109 m
Ruwenzori
Eldoret
Isiolo
Kasese
Jinja
Busia
Kakamega
Kampala
Thomson's Falls (Nyahururu)
Nanyuki
Meru
Entebbe
Kisumu
Äquator
Queen Elizabeth
Lake Edward
Bugala
Masaka
Nakuru
Aberdares
Mt. Kenya 5199 m
Kericho
Nyeri
Garissa
Mbarara
Kisii
Embu
Tana
Naivasha
Lake Victoria
Narok
Thika
Arawale
Virungas 4507 m
Kabale
Kisoro
Parc National des Volcans
Bukoba
Musoma
Tarime
Masai Mara
NAIROBI
Kitui
Goma
Ruhengeri
Akagera
Machakos
Lac Kivu
Gisenyi
Kigali
Ukerewe
Magadi
Tana River Primate
Pate
Rubondo
Nansio
Lake Natron
Serengeti
Garsen
Lamu
Bukavu
Butare
Mwanza
Namanga
Amboseli
Tsavo East
Geita
Ngorongoro
Kilimanjaro 5895 m
Mt. Meru 4565 m
Galana/Sabaki
Malindi
Uvira
Gitega
Bujumbura
Moshi
Voi
Arusha
Kilifi
Kibondo
Kahama
Shinyanga
Lake Manyara
Tsavo West
Lake Eyasi
Tarangire
Mombasa
Same
Mkomazi
Shimba Hills
Nzega
Gombe Stream
Pangani
Pare-Berge
Usambara-Berge
Kasulu
Singida
Kondoa
Kigoma
Ujiji
Uvinza
Tabora
Lushoto
Tanga
Pemba
Wete
Malagarasi
Korogwe
Mkoani
Manyoni
Ugalla River
Kalemie
Zanzibar
Dodoma
Mpanda
Bagamoyo
Lake Tanganyika
DAR-ES-SALAAM
Katavi Plains
Rungwa
Kilosa
Morogoro
Mtakuja
Great Ruaha
Mikumi
Ruaha
Lake Rukwa
Mafia
Iringa
Rufiji
Utete
Sumbawanga
Kilindoni
Selous
Mahenge
Kilwa Kivinje
Mbeya
Rungwe 2960 m
Kilwa Kisiwani
Tukuyu
Njombe
Kyela
Liwale
Lake Nyasa
Lindi
Mtwara
Nachingwea
Songea
Makonde-Plateau
Ruvuma
Mbinga
Tunduru
(Malawi)
Ganzjährig befahrbar
Asphaltstraße
Schotterstraße
Während der Trockenzeit befahrbar
Schotterstraße
Piste
Eisenbahn
Nationalparks und Reservate
Sodasee
N
0
100 km

Ausrüstung für den Kilimanjaro

Wenn Sie selbst auf den Kilimanjaro hinaufgehen möchten, dann empfehle ich Ihnen, nicht an Ihrer Ausrüstung zu sparen.

Wichtig sind Baumwollbekleidung, da es unten relativ heiß sein kann und man leicht ins Schwitzen kommt. Je höher Sie aufsteigen, desto kälter werden die Temperaturen.

Gute, leichte Bergschuhe sind wichtig bis zur Kibo-Hütte. Die Bergschuhe und die weitere gesamte Ausrüstung von der Kibo-Hütte bis hinauf zum Krater sollten Sie entsprechend den Temperaturen (bis minus 50 Grad Celsius) wählen.

Warme Socken, warme Handschuhe, Regenponcho, eine wasser- und winddichte Jacke, eine Wollmütze, die über das Gesicht ziehbar ist, mit Augenschlitzen, eine Schneebrille, eine Taschenlampe, Skistöcke (können Sie auch vor Ort ausleihen), eine Wasserflasche und Micropur (zur Wasserdesinfektion) sind wichtig. Weiters empfehle ich Ihnen, persönlichen Zusatzproviant wie Traubenzucker, Trockenobst, Nüsse, Vitamin-Brausetabletten, Dörrobst und Schokolade mitzunehmen.

Sie brauchen unbedingt einen warmen Schlafsack. Wenn man als Pärchen zu zweit reist, empfiehlt es sich, jeweils einen rechts- und einen links-zippbaren Schlafsack zu kaufen, denn man kann die beiden Schlafsäcke dann koppeln. Dies hat den Vorteil, daß man dann zu zweit in einem großen Doppelschlafsack schlafen kann. Besonders in der Kibo-Hütte ist diese Variante besser, denn dort ist es relativ kalt und man wärmt sich in einem Doppelschlafsack einfach schneller.

Ich habe bei meinen beiden Expeditionen auf den Kilimanjaro jeweils Thermomatten als Unterlage zum Schlafen mitgenommen. Diese habe ich aber nicht benötigt, weil in allen Hütten bereits Matratzen vorhanden sind. Die Hütten sind zwar einfach aber ausreichend ausgerüstet. Eßbesteck und Teller brauchen Sie nicht mitzunehmen, denn das haben die Träger ohnehin mit. Es gibt am Berg nur Kaltwasser und bis zur Horombo-Hütte auch WCs. Bei der Kibo-Hütte nur mehr eine Latrine. Zum Duschen ist es überall zu kalt. Nehmen Sie unbedingt genügend WC-Papier mit, denken Sie auch daran, daß Sie Durchfall haben könnten.

Bemerkungen zur Fotografie

Allgemeines:
Ein Foto sagt mehr als tausend Worte. Deshalb lege ich bei meinen Reisen, Vorträgen und Buchprojekten größten Wert auf beste Bildqualität. Damit selbst unter schwierigsten Bedingungen, die unterwegs immer wieder auftreten können, keine Fehler passieren, verlasse ich mich auf meine jahrelange Erfahrung: Ich reise nie mit nur einer Kamera im Gepäck, immer habe ich mindestens zwei Kameragehäuse mit dabei. Nicht nur um das Risiko auszuschalten, wenn eine Kamera zum Beispiel funktionsuntüchtig oder gestohlen wird. Oft ist es notwendig, sehr schnell zu fotografieren, und da ist keine Zeit für den Film- oder Objektivwechsel. Viele Schnappschüsse sind mir nur deshalb gelungen, weil ich sofort ein Objektiv mit einer anderen Brennweite auf der zweiten Kamera um den Hals hängen hatte.

Kameraausrüstung:
Als Ausrüstung verwende ich das LEICA-R-System, weil kein anderes System diese optische Leistung und mechanische Qualität sowie Zuverlässigkeit bieten kann, wie eben die LEICA.

Alle Bilder dieses Buches entstanden mit folgenden Geräten:
Leica R8, R7, R5, RE,
Elmarit-R 1:2,8/19mm,
PC-Super-Angulon-R 1:2,8/28mm Shift,
Elmarit-R 1:2,8/35mm,
Summicron-R 1:2,8/50mm,
Macro-Elmarit-R 1:2,8/60mm,
Summilux-R 1:1,4/80mm,
Elmarit-R 1:2,8/90mm,
Elmarit-R 1:2,8/180mm,
Telyt-R 1:4,8/350mm,
Apo-Telyt-R 1:2,8/400mm,
Apo-Telyt-R 1:4/560mm,
Apo-Telyt-R 1:5,6/800mm,
Macro-Adapter-R, Polfilter, Stativ, Motor-Winder.

Filmmaterial und Entwicklung:
Immer wieder werde ich von meinen Gästen, die ich auf Fotoreisen begleite, auf das Filmmaterial hin angesprochen. Viele Leute haben damit heute noch einige Probleme. Deshalb scheint es mir wichtig, einige „Geheimnisse" zu verraten:
Als Filmmaterial setze ich ausschließlich den KODAK Ektachrome 64 professional Film (EPR) ein, manchmal auch den Ektachrome 400. Alle meine Filme lasse ich im Q-Lab-Fachlabor FOTO FAYER, Opernring 6, in Wien entwickeln. Die richtige, professionelle Entwicklung hat einen wesentlichen Einfluß auf das Bildergebnis, ganz besonders auf die Farben.

Ich habe sehr lange nach einer optimalen Lösung gesucht und bin zu dem Ergebnis gekommen, daß die optimale Farbwiedergabe der Bilder von einigen Faktoren abhängig ist.
Die entscheidenden Punkte sind vor allem, daß man Hochleistungsobjektive verwendet, den Film richtig lagert und diesen dann in einem Profilabor entwickeln läßt. Ich habe nach langem Suchen und Probieren die für mich günstigste Kombination gefunden:

LEICA Objektive – Ektachrome Filme – Labor Fayer.

Spezielle Tips für Afrika:
Wichtig ist vor allem der Transport der Geräte. Da ich bei den Bergwanderungen vom Gewicht her limitiert bin, verwende ich nur einen Fotorucksack. Ich nehme folgende Geräte mit auf den Berg:
2 Kameragehäuse, Objektive: 19 mm, 35 mm, 60 mm, 90 mm, 180 mm.
Bei der Jeep-Safari, wo es keine Gewichtsprobleme gibt, verwende ich grundsätzlich Alukisten von Rimowa, in die ich die gesamte Fotoausrüstung einpacke. Wichtig ist, daß die Geräte in den staub- und wasserdichten Kisten stoßsicher verpackt sind. Für die Wildtierfotografie empfehle ich zu den Weitwinkel- und Normalobjektiven auf jeden Fall lange Brennweiten. Je länger, um so besser: also 180 mm, 350 mm, 400 mm, 560 mm und 800 mm. Ein schweres Stativ mit einem großen, stabilen Kugelkopf. Für lange Teleobjektive ab 560 mm besser noch den großen 3-D-Neiger nehmen, Motorwinder oder Motordrive sind für Tieraufnahmen unerläßlich, Kabelauslöser nicht vergessen!